聞き書き・島の生活誌⑦

木にならう

種子屋久・奄美のくらし

はじめに

花綵《かさい》列島――カムチャッカから日本、沖縄、台湾へとつらなる島々を花綵《はなづな》に譬え、こう呼ぶそうです。日本列島の人と自然のかかわりの歴史をさまざまな角度から考えていこうという総合地球環境学研究所の列島プロジェクトを通じて、私たちはこの花綵の南端にあたる奄美、沖縄地域の島々を訪ねました。島々は、本当に可憐に咲く花々のように美しく、それらがつらなり、交わるところにいくつもの物語がありました。

五年間のプロジェクトの最終巻となるこの第七巻では、種子島、屋久島、奄美大島、徳之島にお住まいの話者のみなさんに、シマの暮らしをお聞かせいただきます。

種子島は、日本の宇宙開発の一端を担っていることで有名ですが、戦前から県内外からの移住者も多く、サトウキビなどの農業が盛んな島です。西之表市にお住まいの筧さんから、木に教わる山仕事のお話、柳原にお住まいの柳川さんからは、「自分で何もかんも作りました」と言われるさまざまな作物栽培・植物利用のお話をお教えいただきます。

屋久島は、二千メートル級の峰々を擁し、深い森から生み出される豊かな水とともに、里、海での暮らしが営まれてきました。永田にお住まいの渡邉さんから、田んぼ仕事も放り出して走っていったというトビウオ漁のお話などをおうかがいします。

豊かな森林が多く残されている奄美大島の南部では、山の恵みに深く依拠した生活が営まれてきました。

瀬戸内町の里さんから、ノーベル賞級の発見だとおっしゃる先人たちの知恵の数々を、奄美市住用町の森田さんからは、今の子どもたちに伝えたいと言われる田んぼの仕事や身近な植物の利用方法を、瀬戸内町嘉徳集落で炭焼きを続けてこられた徳さんからは、炭焼きの技術について学ばせていただきます。

徳之島は、勇壮な闘牛の島として有名ですが、牛は欠くことのできない暮らしの伴侶でもありました。川がなく、山も遠い土地で暮らす伊仙町の伊田さんご夫妻の、牛と一緒に山に通って行われた米作りのお話などに耳を澄ませます。

これらのお話をお聞きして驚かされるのは、田んぼに入れる緑肥や屋根材、採取・栽培される植物などがシマごとに大きく異なり、個性豊かな自然との「つきあい方」が育まれてきたという事実です。田畑を拓き、多様な作物を育て、薪や用材を採り、炭を焼き、生活用具を工夫し、建材を育て、家屋を建て、海産物を捕り、潮を焚き、時には猟師となって山を歩いてきた方々の語りには、心躍るような楽しい想い出もあれば、想像を絶するような厳しい時代の記憶もあり、自然に教わる思想がありました。この本のタイトルは、寛さんの、「どんな木も宇宙向いてまっすぐ上に育ちます。人間もどうあってもまっすぐ上に育つようにと思います。木はものを言わんけど木に教わります」というお言葉からいただきました。

私たちは、お教えいただいたことを在地の方々にお返ししていくと同時に、次の世代に伝えていきたいと考えています。その一つの方法として、この島の生活誌シリーズが企画されました。このシリーズが「聞き取り」ではなく「聞き書き」なのは、「取る」ばかりではいけないという自省に基づいているからです。花々の果実や蜜を味わうだけでなく、花粉を運んだり種の散布をしたりもしている鳥や虫たちを、すべてのいのちあるものとともに、親しい仲間として大切にすることを教えてきた、島々の智恵にならって……。

人と自然が織りなす時間のなかで、その地に刻まれた土地の履歴を学んでいくことは、温故知新です。しかし、単に故事を「知る」だけでは済まされない時代に私たちは生きています。ここから何を学び、次の時代にどのように活かしていくべきか、読者のみなさまのお知恵をお借りして、いっしょに考え、行動していきたいと心から願っています。

編者を代表して　三輪大介

目次

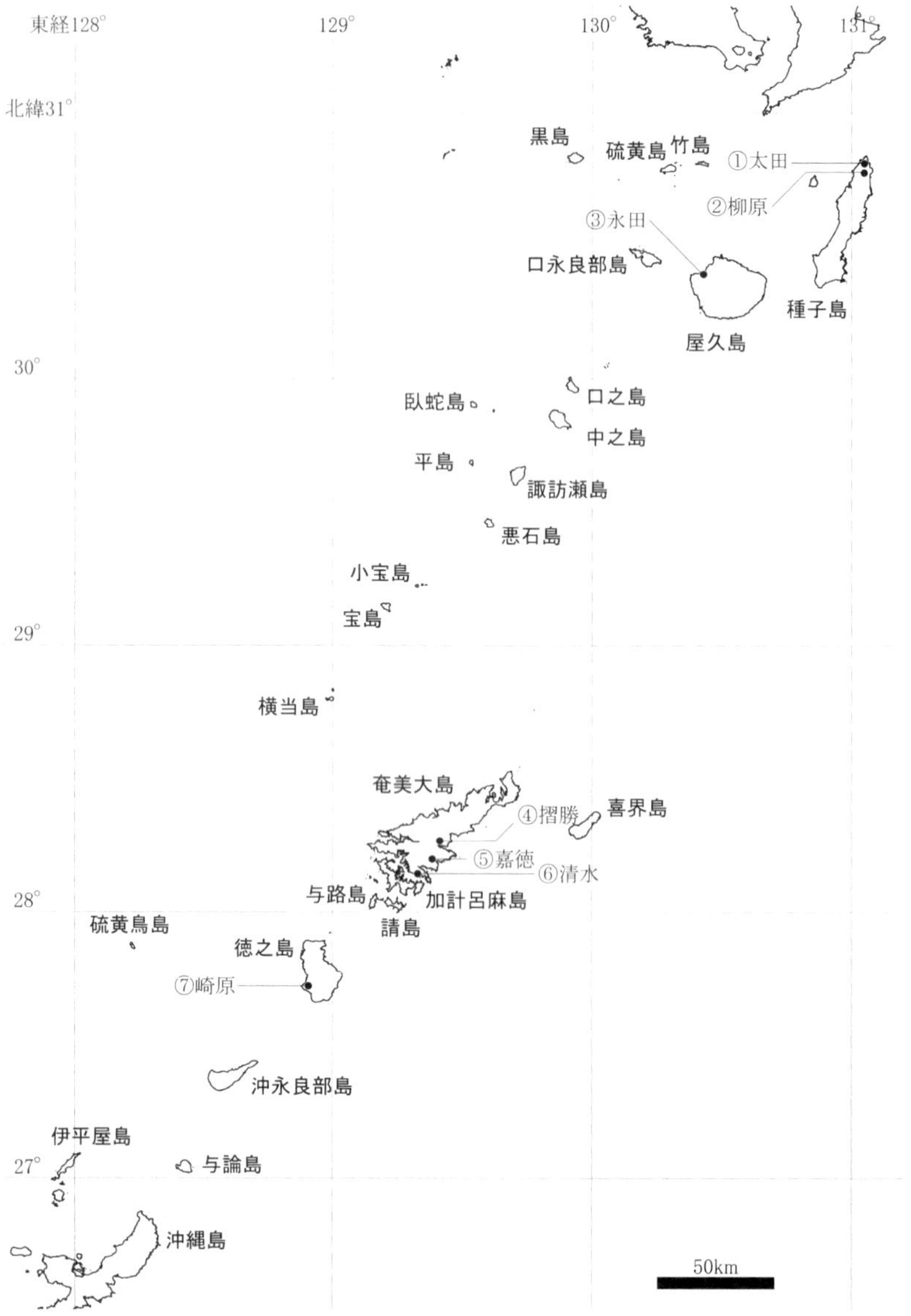
東経128°
129°
130°
131°
北緯31°
30°
29°
28°
27°
黒島
硫黄島
竹島
①太田
②柳原
③永田
口永良部島
種子島
屋久島
口之島
臥蛇島
中之島
平島
諏訪瀬島
悪石島
小宝島
宝島
横当島
奄美大島
④摺勝
喜界島
⑤嘉徳
⑥清水
与路島
加計呂麻島
請島
硫黄鳥島
徳之島
⑦崎原
沖永良部島
伊平屋島
与論島
沖縄島
50km

第１章　木に教わる暮らし

話者　種子島西之表市《にしのおもて》　筧《かけい》　良平《りょうへい》さん

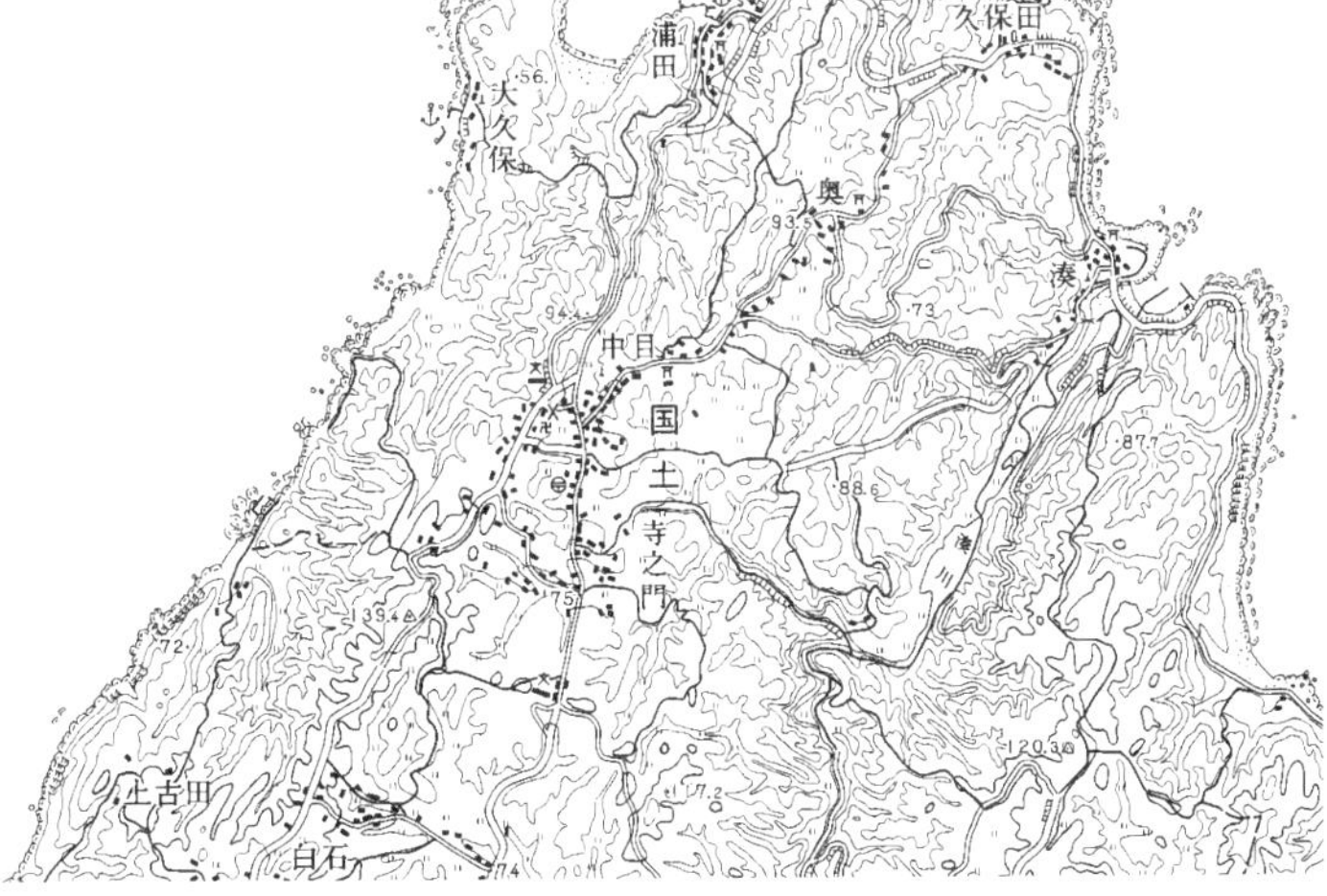

種子島西之表《にしのおもて》市国上《くにがみ》の太田にお住まいで、農業、林業にたずさわってこられた筧良平《かけいりょうへい》さんのお話を二〇〇七年九月二日と二〇〇八年八月二九日にうかがうことができました。筧さんは昭和一一年生まれ。筧家は良平さんの祖父の代に静岡から種子島に移住してきたと言います。現在の筧家の山の一部は木性シダのヘゴの保護林として指定されています。またその一画に植栽されてから一〇〇年近くになるヤクタネゴヨウもあることから、農業を通した人と自然の関わりだけでなく、ヤクタネゴヨウと人との関わりの一端もお話のなかからうかがい知ることができました。筧さんのお話を聞く機会を得たのは、種子島の「ヤクタネゴヨウ保全の会」の長野広美さんのご紹介によるものです。。

種子島への移住の話

——筧さんはおじいさんの代に種子島に移住して来られたということですが、そのお話から聞かせてください。

じいさんは静岡では染物を商売していたそうです。親父から聞いた話では、じいさんは兄弟が多いから地元ではやっていけないと、外国へ行こうと考えて準備していたんです。でもじいさんは体が小さかったんだそうです。この体ではアメリカに行ってもものにならない……と、それで、種子島のほうに来ていた人がいたんですね。その話を聞いて、外国はやめて、種子島のほうに行こうかと。じいさんは子どもたちをのんびりした中で育てたいという気持ちがあったんです。種子島に来て、島を三回まわったそうです。農業をするなら中、南部のほうがいいがのんびりするなら山のある北部がいいと。山の木は自然に大きくなるからと。そんな考えだったようです。年に一谷ずつ杉を植えていったら、五〇年後にまたもとに戻る。そんなふうに山の木は人と競争しなくても自然に太ってゆきます。じいさんはそうした考えでこの場所を選んだようです。

――それはいつ頃のことですか？

じいさんが移り住んだのは明治の四三年か四四年のことです。そのとき親父は一一歳でした。ここの山はじいさんたちの前、豊後の人が椎茸栽培していたそうです。じいさんたちも最初は椎茸を栽培していました。昔は汽笛の音を聞いて、あっ、船が来たな……と、それから乾燥した椎茸を背負って馬に乗って港まで行ったという話を聞いています。親父も小学四年のときから学校にあんまり行かんで、使い走りしていたそうです。そのうち小さな山田を譲ってもらい、静岡から来ているものですから茶も始めて、というようなぐあいです。ただ、田んぼの前作として麦を作りますから、田んぼと茶のどっちもやったら、これは体が続きません。茶もよかったんですが、その頃は販路がなくて、それで米のほうがお金になると、しだいに米作りに力が移るようになりました。

田んぼのこと

――田んぼの緑肥にどんなものを使われていたかを教えてください。

自分たちはレンゲを採った後に田んぼを作っていました。レンゲの上のほうは馬の飼料ですね。レンゲを田んぼで作り出す前は刈り敷と言って、葉っぱの大きい木の若芽――クヌギみたいな木で葉っぱが大きいものです、葉っぱで饅頭を包んだりもします（カシワのこと）――を田んぼの中に、緑肥として入れていました。この木は田んぼのまわりに植えてありました。田んぼは今のような乾田ではありません。湿田です。その中に葉っぱを踏み込む……という話を聞いています。その頃、田植えは六月頃植えとったそうで、そうすると踏み込んだ葉っぱが腐って、田んぼの中からガスが出てくるんだそうです。これはあまりよくない。それでレンゲに替わって、田植えも早くなって……それでもガスが出たりします。そうすると病気にかかりやすくなったりするんですね。ですからレンゲもだんだん使わなくなった。

――レンゲの種は自分で採種したものを使ったのですか？

レンゲの種は採ったこと、一回か二回あるかな。農協とか種苗店で種を買って、毎年まいていましたね。

――田んぼを耕すのに、家畜を使いましたか？

田んぼの代《しろ》かきは馬にやらせました。木の台に鉄をさしたのをひかせて。最初は手綱をとらんで、馬の口元を一人がとって、二人組みで代かきをしていました。昔はここには地馬といって足取りが上手な馬がいたんです。内地の馬は湿田の深いところとかはだめでしたが、地馬はどんな深いところでも平気だったんです。田んぼだけでなく、山の中の道を椎茸をかついで運ばせたりするのもこの地馬でした。

――田んぼに悪さをするカニはいませんでしたか？

田んぼのカニはタガニというとりました。タガニは魚の餌にもなります。農薬を使うようになったらいなくなってしまいました。タガニのうち紫色のは釣りにいいけれど赤色のは魚が嫌って逃げて行きます。このタガニが畦《あぜ》に穴を開けて、稲を切ったりします。まぁ、昔は自然がよかったのかなぁと思います。川もコンクリになったら、エビもウナギも採れんようになって。川のわきにはチンチクダケの竹やぶがあってタケンコを採ったものだが……。昔はチンチクダケの竹やぶの内側に田んぼがあったものなんです。

家畜のこと

――農耕に使った縄や綱について教えてください。

馬に鋤《すき》をひかせるときの縄は稲わらを使いました。シュロ縄はあんまり強いので、鋤がすぐにいかれてしまうんです。自分たちの最初の頃の鋤の先は鋳物でした。これは石に当たったら欠けてしまうようなものです。やがて鋤の先は鉄板に変わりましたが……もう鋳物の鋤先なんてどこを探しても残っていないでしょう。シュロ縄のほうは馬の背に結わえ付けたりするときに使っていました。あと、蓑はシュロですね。シュロは畑の脇の土手に植えていましたよ。うちの畑のわきにも一〇本くらいあって、どうするかなぁ……と思っています。畑の邪魔になるから切ろうかと思うが、まだ残しています。

――いつ頃まで馬がいましたか？

馬がいたのは昭和四〇年ぐらいまででしょうか。うちは昭和三四年に耕運機を買いました。買って間もなく馬はいなくなりました。耕運機は馬の代役です。ただ、山の木出しは困っています。今はブルで道を作って木を出しますが、昔はどんな細い道でも谷でも馬を利用して木を出したもんです。特に声かけ上手な人は馬をうまく使いました。人と馬の共通語のようなものです。危ない傾斜を通るときはソロソロソロソローとか。これは、注意せいっていう言葉遣いなんです。上手な人がソロソロソローというと馬もそれを聞いてちゃんと注意深く歩く……。

——飼葉採りについて教えてください。

飼葉は土手の草です。いい草は畑の土手のハチジョウガヤの芽立ちですね。あとは山の中の草も使います。むこうによか草があるから……と朝早く採りにいったものです。飼い葉採りは子どもの仕事でしたからね。田んぼの土手の草のほうが水分吸っているからいいのかどうか分かりませんが、牛なんかは乳の出がいいですね。モウソウダケでカリーカゴ（草刈かご）——高さ一メートルくらいのものです——を編んでもらって、朝起きたら、そのかごいっぱい草を刈ってきて、それから朝飯です。

——他にも家畜の餌になる草と、ならない草がありますか？

バシガシワ（和名クワズイモ）という草があります。よく知らんけども、馬を死なせる毒があるから、バシ（馬死）というんじゃないかと思います。この汁を目に入れると目がつぶれると言います。そのかわり、味噌《みそ》をついたら、甕《かめ》の蓋《ふた》にこのバシガシワの葉を使うんです。いくらか殺菌力もあるのかなぁ……と思います。カビもでません。今のようにビニールがないですから、大きな葉をとって甕の蓋に使ったんです。知らん人は食べて口の中が大変になったという話もあります。馬も口を腫らせてしまいます。

ネーバ（和名ホシダ）という草は家畜が食べます。しかし似ている草（和名イシカグマ）は食べません。(注1)「牛の一口くらー」といって、牛は一口まず食べる。食べていいものは出さんけど、食べて悪いものはすぐ出します。ホートーと呼んでいるツル草（和名フウトウカズラ）があります。これも昔は牛の餌です。でも臭いです。自分が子どもの頃はこういうのを採って餌にしていましたが、搾乳するようになって、乳にニオイが出るからやめてくれ……といわれて、それからは食べさせていません。タブ（和名オオイタビ）というツル草は牛の餌ですがどこにあるかと探して食わせるぐらいのいい餌です。イモギ（和名フカノキ）も牛の餌になります（注、ヤナギイチゴも牛のいい餌であるという）。

――家畜の糞は肥料にしましたか？

家畜の糞は畑の肥料です。堆肥にします。海から砂を持ってきて、堆肥の上において切り返して、三回くらい切り返す。そうすると、堆肥が全然、臭みもなかわけ。サラサラして、仕事しやすか。センチュウ（線虫）がいなくなるとも言っていました。砂の肥やしを入れるといいと。昔の人はよう研究しとったな、と思います。化学肥料はキンピ（金肥）と言っていました。堆肥の中に金肥を入れてきり混ぜて、平均するようにして大事に使いました。二五年くらい前からこっち、化学肥料使うようになりました。だから確かにそれも必要ですが、あんまり指導員の言うこと丸呑みして成功したかというとそうでもないです。昔の知恵も入れてやったほうがよかような気がします。牛にしてもなんにしても言われるようにやっとって、大きくせんにゃならんとか、同じ時間で機械入れたほうが能率がよか……と、でも、果たしてそれで手元の残りがどれだけあるかということです。自分の手でやっとったほうが安心じゃないかと。トラクター、大きいのが必要といわれて、それには今度何買って、これ買って……と。それの順繰りになって休む暇もなくなって……。もうけたもんが、みんなそういうもんにつぎ込まれてしまってということになりがちです。テレビでやってる地球の環境破壊と同じなような気がします。

山の仕事は木に教わります

――椎茸の栽培について教えてください。

ここの山は、昔、天気のいい日でも山の中ではしずくが落ちてくるぐらいでした。ひと谷ごとに椎茸をとりに入るときは、大人でもお互いに声をかけ合ってせにゃあ、恐ろしか……というぐらい木が茂っていました。椎茸は昔、シイの古木をほだ木に使いました。皮が厚うて長持ちします。今は森林組合からクヌギが入ってきてそれを使っていますが。マテバシイは皮がうすくて三年くらいはいいが、長持ちしません。シイはこれに比べたら長持ちします。昔、シイの大木にでた椎茸は相当おいしかった記憶があります。自分らは自家用に栽培しているぐらいですが、親父の代は出荷用にも作っていました。今のように通信網もない時代です。最初にお話したように、離れたところにある港に船が入るときの汽笛を聞いて、それで船が入ったのを知って、干した椎茸を持って行かにゃあと馬の背に載せて、国上《くにがみ》の山を越えて運んだそうです。

――山の利用の仕方を教えてください。杉の植林地と広葉樹のあった場所はどう使い分けていたのですか？

昔は谷間だけに杉を植えていました。中腹から上は雑木です。その上に松の大木がありました。雑木の大きいのは材木にして、必要外のものを山に倒しておくと、そのまま椎茸が生えました。昔はコマ(注2)を打ったわけではないんです。鉈で倒した木を傷つけて、そこに生の椎茸を持って行って、菌を移す……っていう仕組みだったと聞いています。このあたりの山は、もともとは港集落のものだったと言います。殿様から塩を焚く用の山として与えられたそうです。そのうち時代が変わって、山をみきれんと言って売りに出されたんです。じいさんは体が小さかったから外国に行かれんで、種子島に入植して、島を三度回って、ここが一番美しいところだ……と言って山を買ったそうです。

――杉はどのように利用されたのですか？

地杉のいいものは船の材料として、西之表から船大工が買いに来ましたよ。五〇年ほど前までは、買いに来ましたね。特に中がキレイな赤い杉があるんです。これが材として長持ちするんですね。これをアカジンといいます。樽もアカジンのキレイな目の通ったやつを使うと、水漏れしないんです。弾力があってそねりがないんです。自分たちが子どもの頃はそういう、木で作った水桶を使っていました。本当のアカジンのいいやつは、外に投げとってもいつまでたっても腐らん。このあたりでもヤクスギを植えています。ただヤクスギはこのあたりでは二〇年までは大きくなりますが、そのあと成長が止まってしまいます。地杉――サツマメアサと呼んでますが――のほうは、二〇年までは伸びが悪くて、その後よくなるんです。この地杉は台風や潮風に強い。ヤクスギなどと同じところに植えて比べてもそうです。種子島は風と潮が造林上の問題です。地杉は葉が自分の体を守るようにつきます。他のところの杉は台風に弱かな。でも、今はどっちかというと、杉であればいいと、何でもいいとなってしまった。それで昔のいい木がなくなってしまった。地杉は実ができません。実じゃなくて挿し木にしないと増やせないんです。昔のやかましい人は、いい木の枝だけ挿して増やしていました。じいさんも苗木を作っていましたね。昔は嫁に行くときは、杉で作った桶とビンダラー（鬢盥、びんだらい、小さなたらい）を必ず持たせせんといかんかった。どんな木も宇宙向いてまっすぐ上に育ちます。人間もどうあってもまっすぐ上に育つようにと思います。木はものを言わんけど木に教わります。木はカズラが巻いて横を向いても、必ず上を向きます。それが木の性質です。

炭焼きの話

――炭焼きはどんな様子でしたか？

昔は山に住み込んで炭を焼く人がおった。その人のおった谷を、その人の名をとって〇〇コバ……というように言いました。炭焼きの区分は、谷間谷間で仕切っていました。昭和一〇年頃から三〇年頃までの話です。そのうち炭焼きしている人は通勤で山に来るようになりました。自分たちが子どもの頃は、炭焼きの人は山に住み着いていましたよ。家族連れで住み着いて、一年中、炭を焼いていました。炭焼きの人たちをヤマコというと聞いとったが、どういう字を書くのかわからんが。南種子や屋久島とか、いろいろなところの人がいました。自分は中学三年の頃まで、馬で炭を運ぶアルバイトをしていました。炭小屋から港まで運ぶんですよ。一生懸命働いて、人が食えん生菓子を手に入れて食べました。モチの中に餡《あん》が入っているヤツです。それが食べたくて……。炭焼きの人たちは、親方から金を借りて雑木を買って、炭を焼きながらそのお金を払う生活です。親方が生活品も持ってくるんです。

――どのくらいの間隔で、炭を焼くものなのですか？

次の伐採まで、まぁ三〇年ぐらいです。小さい木のほうが値打ちがいいが、これは量が取れません。二〇年くらいの林のほうが、木が小さくて値が高いけれど、量が取れません。三〇年ものだと材を割って炭を作るから、どうしても質は落ちるんです。

――炭焼きのときの売り買いというのは、山に生えている雑木だけ売るのですか？

そうです。雑木だけ区分して売ります。

――炭焼き小屋はどんなところにあったのですか？

木が集まりやすいところ、仕事しやすいところです。あと水のあるところ。窯の口を閉めるのに、粘土をこねにゃあならんし。馬で荷物を出すときにも安全なところ。そういう場所です。

――筧さんも炭を焼かれたことがありますか？

商売ではやったことがありません。先輩から教えてもらって、自家用で作ったぐらい。炭焼きの人が休んでいる間にちょこっと焼かせてもらって。まだ今、火を止めたたら根っこのほうが炭になってない……とか教えてもらいました。今も炭焼きの準備はしようと思っているけど、なかなか焼く暇がないです。

――炭焼きにはどんな木がいいのですか？

シイの木はいいけど、炭にするとパチパチ火の粉が出てしまう。カシとかマテがいいです。でもカシの中ではシラカシ（和名ウラジロガシ）がちょっと柔らかくて、コウガシ（和名アラカシ）といって、葉に丸みのあるカシがいいです。シラカシは船の舵《かじ》にいいです。コウガシは硬いのは硬いけど、舵なんかにすると破損してしまう。でも炭には一番よかった。窯の中に大きな木ばっかり立てるとスキマができます。だから炭にはアラ、コアラ、コマル、チュウマルという区別があります。アラ、コアラは大きな炭です。出荷するときは、たたいてカマスに入れとった。同じアラでもカシアラは高くて、カシと他の雑木とでは値段が違います。コマルやチュウマルは枝先の小さい炭です。これは火力が強いし、使いやすい。アラは買ってきても大きいから、手を入れにゃあ使えない。コマル、チュウマルはそのまま使えます。工場なんかでは大きいのを使いますが。窯に入れるときにも値のはるやつは、半分から先に入れて、手前のほうには炭になっても火力のないような雑木を何でも入れます。一番点前のほうには、柔らかい、灰になってもいい木を入れます。たとえばイモギが一番、使い物にならないので、そういう木を入れます。窯の中には木の高さを切りそろえたものを詰めていきます。その上に小さな枝を載せます。カシの木の上にはカシの枝を載せます。区分けするんです。炭になったとき、カシの炭に雑木が混じったらダメだから、完全に別個にします。

——炭焼きがなくなったのはいつ頃ですか?

昭和三〇年~四〇年代ぐらいです。炭からパルプに切り替わりました。ちょうどガスが出てきた頃です。

ヤクタネゴヨウについて

——寛さんの山にはヤクタネゴヨウが植えられていますが、これはどういう経緯で植えられたものなのですか?

じいさんが種子島に移り住んだとき、親父が一一歳で、信平おじさんが二一歳でした。このおじさんが種子島で徴兵になります。そのとき中種子の増田の人と一緒になって、その人にこういう木があると教えられたというんですね。それでその後もらいに行って、七五本もらってきたそうです。それで一本ずつ植えたら、雑草に負けたりするだろう……と、山のあちこちに二本ずつ植えたんです。自分の山には谷ごとと言っていいほど植えてありました。ヤクタネゴヨウは材が柔らかくて角材には不向きです。板材にします。大木は丸木舟にしました。自分たちが子どもの頃は港に何艘も丸木舟がありました。自分もヤクタネゴヨウの苗を作って、あちこちあげましたが、あれはどうなったかと思います。親父も苗を作ってあちこち相当配っていましたよ。ヤクタネゴヨウの松ぼっくりは昔は今より大きかったです。それがだんだんと年ごとに小さくなってきています。親父は実のなるものは高いところに植えたら、自然に蒔かれて生えると言っていました。ですから、カシもマテも頂上に植えました。そうしたら自然に山を作ってくれる……と。自然に自然を作るというわけです。晩年、親父がどうしても馬毛島に行ってみたいと言い出しました。行ってみると木がないんです。それで親父は木を送らにゃあいけん、と言い出して、マテの実を袋一杯送ったりしました。車がない頃でしたから自分が単車に木の実や苗を載せて、何年も続けて島に送りました。松ば

写真1　馬毛島の景観。遠方に種子島が見える

かりじゃダメだ。雑木を……と。雑木ならば鳥がきて、また山が茂ると。何年も続けたんです。

――筧さんの山にはずいぶんとヘゴも生えていますね。

ヘゴは自分たちが子どもの頃からありましたが、昔は今と違って鼈甲《べっこう》色の根っこが出ていました。あのときのヘゴの様子が今は見られんですね。あのときの勢いは今はないなぁと。山の水の量もだいぶ減りました。昔は大雨降っても濁りがありませんでした。今は一時間も降らんのにもう濁ってしまって。じいさんたちの残したものを預かって、ようやくここまで来た気がします。まだまだですが。じいさんたちに悪いなぁと思います。ですから、なるたけ自然を残したいです。これからの子どもに何でも使えるものを残していかんと、と思います。あとに続く人に迷惑なもんを作ったら責任をはたせないですから。人間も樹木のようにどんなところでも天を向いてまっすぐに生きる……。これを子どもたちに教えたかなぁと思います。いつもそういう気持ちで山を見てきました。

さまざまな植物利用

――昔はさまざまなことに、身近な植物を利用していたと思うのですが、その話を教えてください。

昔は薪です。落ちた枝を拾って使います。杉の葉は焚き付けにするので大事にしていました。そんなふうに自然は利用するものでしたから、結果として山もキレイだったですよ。

コスダ（和名コシダ）と呼んでいる草があります。これで食器かごとか編むんです。あと茶碗ふせとか洗濯物のかごとか。一回作ったら何年ももちますよ。（注3）

――山で採るものといったらなんでしょうか？

ツワが代表ですね。あとフキ。こっちの人はそうまでフキは採らないです。フキノトウもあんまり食べんな。タラもあんまり採らん。クサギの根っこに虫がいます。これを焼いて食べると最高においしいですよ。見つけたら、虫の入っているところの上と下を切って、材ごともち帰るんです。香りと味が最高ですよ。あとはタケノコはいろいろあります。

――竹について教えてください。

竹にはニガタケ、トーチンチク、ダイミョウ、カラタケ、コサン、モウソウとあります。自分らの山にはニガタケがないです。これは海岸沿いが多い。チンチクは昔は川沿いにあったけど、河川工事でなくなってしまった。モウソウは植えてあったものが、今、広がってきています。昔はワラ屋根の下にチンチクを使っていました。こういう使いかたでは、コサンは節から折れるので、使い物にならんわけです。ワラ屋根には骨組みにカラタケを使って、その上に、横にチンチクを並べて縛ります。その上にワラを並べて針で縛っていく。いい屋根は小麦のカラを使います。あれが長持ちする。昔は小麦も全部作っていましたからね。大麦は飯にして、小麦は味噌、醤油にしました。ダチク（和名ダンチク）の葉でツノマキ（菓子）を作りますが、昔はダチクは畑のわきに防風垣として使っていました。お茶も昔は畑のすみに植えてあって、畑仕事の飲み物は生葉を湯に入れたものでした。

――ダチクの話をもう少し教えてください。

ダチクはツノマキに使います。ツノマキに使うアクを取るのには、山の草のネーバをソーキ（ザル）の底に敷いて、それでアクを取ります。ネーバを入れにゃあ、灰が入る。ネーバは先にも言いましたが、牛も食べる草です。ネーバを敷いたソーキに灰を入れて、そこに熱湯を少しずつ入れて、染み渡ったら、自然とアクが取れます。アクを取るのにソーキを使いますが、ソーキは竹だから、何度も使うと目が柔らかくなります。それくらい何度も使いました。このときのアクも普通の木だと弱いから、マテとかカシの灰を使うといいんです。今ではツノマキを作れない人が多くなりました。ツノマキは鎌倉から伝えられたと言います。それでダチクも植えたと。ダチクは牛も食べますよ。ただアクが強くて妊娠した牛にはやるなっていうぐらいですが。同じようにアクを使うアクマキというお菓子がありますね。でもアクマキはツノマキと味が全然違います。アクマキはダチクではなくて、モウソウの皮を使います。ツノマキを縛るのには本当はミチシバという草を使います。この草は真水と海水の境目の川岸に生えます。沼地みたいなところに、他のもんはなくて混じりっけなしにこれだけ生えます。昔はたくさんあったのに。そういう場所から刈ってきて、敷物にしたり、筵《むしろ》を打ったりしました。今はもう見あたらん。真水に二、三日漬けて塩出して、乾かして、それで編んだゾウリとか最高級です。軽くて、ワラゾウリからしたら長持ちして……。ミチシバ（和名シチトゥイ）といっても、自分らの子どもたちももうわからんくなってる。ツノマキはお盆にあげるものです。一五日、シヨウロー（精霊）さまが帰るときの弁当にするといいます。このときナガマキというカシワ（和名アオノクマタケラン）の葉で米の団子を包んだものと一緒に供えます。ユリの根を船にして、ナガマキを櫂《かい》にしてと言いました。(注4)ツノマキは十五夜にも食べました。冬になるとダチクの葉は霜で枯れます。台風が来る前にあわてて葉を収穫したりします。

ダチクは使いようでは最高の防風垣です。伸びるのが早いですから。手入れしたら普通の木よりずっと早く伸びます。一番外側にダチクを植えて、内側に木を植えて、木が育つまでの間、ダチクに防風してもらう。世話をすると木とかわらんぐらい役にたつ。そういうふうにものの使いかた一つで、やっかいものであっても宝物になるということです。ダチクを一メートルくらいの高さで切ります。そうするとすぐ伸びます。これを馬の草にしました。昔はすぐ伸びるのがよかったんです。

――毒の木や草というものもありましたか？

ウミタデ（和名ウラジロフジウツギ）という木があります。葉っぱを潮溜まりですると、アブクが出て魚が浮いてきます。川用の魚毒に使うカワタデというものもあります。コヤスギの実を海でたたいても、そのへんの魚が陸のほうに飛び上がってきますよ。

――いろいろなお話、どうもありがとうございました。

（聞き手　盛口　満）

注1　シダの仲間では他にシロヤマシダの仲間やオオイワヒトデも牛の餌になったという。

注2　種駒。椎茸菌が入り込んでいる円柱状の木片。これを打ち込むことで、原木に椎茸菌を植え付ける。

注3　このほかに身近なシダとしてタマシダがある。タマシダの根元にはその名のとおり玉がつく。筧さんによると、この玉を小さいときはビー玉がわりにして遊んだとのこと。また、ネコンキンタマ（猫の金玉）と呼んでいたということであった。

注4　『種子島民俗調査報告書（一）西之表市の民俗・民具　第一集』（鹿児島県西之表市教育委員会発行）によると、種子島ではお盆の一五日の夜中に、ユリの根とナガマキを供える風習があるという。またナガマキを包むのにはカシワのほか、シャニン（ゲットウ）の葉も使われる地域がある、と書かれている。

第２章　自分で何もかも作りました

話者　種子島西之表《にしのおもて》市柳原《やなぎはら》　柳川《やなかわ》　みどりさん

種子島北部の西之表市《にしのおもて》柳原《やなぎはら》に暮らす柳川《やなかわ》みどりさんに二〇〇八年八月二九日、かつての農村の暮らしをうかがいました。柳原は種子島の中では内陸部にある集落といえます。もとは鹿児島県甑島《こしきじま》からの移住民によって開拓された集落であると言います。柳川みどりさんは昭和二年生まれ。柳川さんも「ヤクタネゴヨウ保全の会」の長野広美さんにご紹介いただきました。

マメの栽培について

――種子島の昔の農村の暮らしを聞き集めています。種子島では昔、ササゲをよく作っていたのに、最近は作らない人が多くなったという話を聞いたのですが、まず、ササゲのことから教えていただけますか？

ササゲは昔、巻きづるは出らんかった。昔のササゲは立ったやつだったですよ。それを鎌で採ってきて日に干してマメを取ったもんです。あとフロウ（和名ジュウロクササゲ）といったマメもありました。これは棒を立てて育てます。紫色の実がなりますよ。ササゲはマメだけ砂糖で味付けして、仏様に供えました。それをやってたのは、あたしたちも小さい頃だけですよ。フロウのほうはその後も作っていましたが、ホウムシ（カメムシ）がついて実にならないものだから、作らなくなってしまいました。

――アズキは作りましたか？

アズキは作らなかったですよ。ダイズは作っていました。

――豆腐は作られましたか？

豆腐は作っていました。前の晩に石臼でひいて、煮立てて。祝い事のときやお正月のときに作ります。

――沖縄では水でふやかしたダイズをすって、生のましぼってから煮立てますが、種子島ではどうですか？

こちらではひいたダイズを煮立てて、その熱いものをしぼります。それをもう一度煮立てて、火を止めて、にがりを入れます。

――ダイズの収穫はどのようでしたか？

ダイズは木で作った棒でたたいて、実を取りました。夏が収穫期だったですよ。暑い時期だったから。足が焼けてね。今のように靴はないから。でもキレイなのができましたよ。味噌も作りましたから。味噌用の麦も全部、自分で作って。麦は四角に台を作って、カヤをはって、その中で脱穀をしました。飛び散らないように。束ねて、台にたたいて脱穀していましたよ。その後、脱穀機が入ってきましたが。

田んぼの話

――米は作っていましたか？

米も作っていました。戦前は米を作っても、みんな供出で……。自分らは麦、粟で、お米少しと炊いて食べて、あとはイモです。

――粟も作っていたのですね。

粟もキビも作っていました。粟ご飯にしたりモチにしたり。キビは粟より少し粒が大きくして、ご飯にしたりしました。お米だけのご飯は盆と正月ぐらいです。学校でも手かごにカライモと漬物を持って行きました。その漬物も小さくなんか切られていませんでしたよ。あとソバを作っていました。ソバがおやつです。砂糖もできましたが、塩味で、ソバガキにして食べました。そのうち砂糖を入れるようになりましたが。

――種子島でもソバを作っていたのですね。

ソバは鎌で刈って、束ねて、一晩蒸すようにして、それから重ねて、ひざにあててもんで実を落としていました。作るのは春と秋の二回でした。ソバノメシというのは、カライモとモチ米ちょっとふかして、最後にソバ粉入れて、練って食べます。そういうのもありました。そういえば、五、六年前ソバの種をもらった人がいましたけど、うまくできなかったっけ。昔のソバとは違っていたのかもしれません。

――田んぼの肥料はどうしていましたか？

肥料は過燐酸とか石灰とか使っていました。あと骨粉を使っていました。水と骨粉を練って、苗の根っこにつけて植えていました。

――田植えなどは結《ゆ》いですか？

はい。親戚の集まりです。一〇日も一〇数日もかけて。その頃は山田でしたから。それで田植えの枠を作る人も大変でした。こっち曲がったとか。そのうち縄を使うようになりましたが。

――田植えの結いなどのふるまいはどうしていましたか？

団子を作ったり、蒸し菓子ぐらいですよ。デンプンで作る団子とか、ハッタイ粉を自分で作って、握り飯みたいにした団子とか。ありあわせのものです。お菓子といえば、冬になるとカライモを切って乾燥させて粉にしてカシワ（和名アオノクマタケラン）にくるんで蒸したり……。自分で何もかんも作りました。盆にはツノマキやナガマキを作りましたよ。ユリは船、ナガマキは櫂《かい》と言って。ユリは家の周りに植えてある、テッポウユリの根っこです。昔は米は五月に植えて、九月にやっと実りました。それを千歯でこいて。遠い田んぼまで千歯を持って行きました。ワラも干して持ってかえって敷き藁にしました。ほとんど馬のいない家はなかったですから。

昔の暮らし

――ヘチマやゴーヤーは昔からありましたか？

ありました。ヘチマは味噌汁に使ったり、炒めたりして食べます。ゴーヤーはこちらではニガゴリといいます。漬物というか一夜漬けにしたりして食べます。そうそう、バナナは昔はなかったですよ。バショウはありました。バショウの木を小さく刻んで、米と一緒にして、お盆にお墓に持って行くということをしましたよ。(注1)

――サツマイモの話を教えてください。

カライモ掘る頃は冷える頃です。カライモのツルをむしった後に足を乗っけて、またツルをむしって……とやりました。今はその頃に比べると温かいです。子どもの頃は数センチの霜柱ができましたですよ。小学校の校庭に霜が降りていて、でも、裸足で朝礼だったです。よう、裸足でおれたもんだ。日が出ると今度は霜が融けてジタジタになって。今は夏も冬も靴をはいて……と思います。

――昔は薪を採るのも大変だったですよね。

子どもをおぶって焚きものを採りに行きました。採る間は子どもを背中に背負って、帰るときは薪を背中に背負って、子どもを前に抱いて。お産したら薪ないと困る……と、大きなお腹のときも採りに行きました。大変だったですよ。他人の山には採りに行けません。大きな山があって、炭焼く人がいて、その人のところで、炭に焼かないものをもらっていたりしました。よくまぁ、それでご飯も炊いて、カライモも煮て……と思います。子どもが小さいときは、カライモがおやつでしたから。

――昔は馬が各家庭にいたということですが。

馬はいましたよ。馬の後に牛を入れる人がいたですよ。馬の餌は朝、刈ります。露のあるとき、切りやすいから。馬も牛もいれば堆肥ができます。畑には堆肥をあげてましたから、昔はお金がそうまで要らなかったですね。ただ堆肥運びは大変でした。カライモにも全部あげたから。少しずつ、金肥も入れました。昔、「よか馬の草なぁ」と思った草が、今はいくらもあるようになって……。

さまざまな植物利用

――自然にある植物の利用について教えてください。タケノコはよく利用しましたか?

タケノコはあまり採りに行ってません。毛が痒《かゆ》いもんだから。採るのが好きという人はおりますね。

――山で採れるキノコはありますか?

椎茸は作るけど、山でキノコというのはねぇ……。

――木の実とかはどうですか？

タブ（和名オオイタビ）というのがあります。おいしかったですね。伊関《いぜき》（西之表市）の海岸にありました。あれはおいしかった。イチジクみたいになって、中がつぶつぶになって。子どもの頃、タブ採りに行こやーって。木に登って採りましたよ。小さいドヨウタブ（和名イヌビワ）というのもあります。今の子どもたちはタブもイチゴも食べないんじゃないですか。イチゴはツワの葉を丸めて、その中に入れて……。葉の継ぎ目は竹で止めたんです。これをしぼって飲んだりしました。そういうのが楽しみだったですから。グミも食べましたね。山はサガリグミというのがあって、海に行くと、丸くて小さいのがあっておいしかったです。クワの実は雨が降ると食べられなくなるから、よか天気の日に採って食べました。サクランボも黒くなったものを食べました。でも学校で食べると怒られて。

――サクラの実は苦味がありますよね？

その頃は苦味とか感じなかったですよ。今はよそからくる大きなサクランボがありますが。ヤマモモとかシイは生で食べました。シイもシイの実拾いに行こかーって。

――マテ（和名マテバシイ）の実は食べませんでしたか？

マテは食べませんでした。コマにして遊びましたよ。その頃は遊びも外でしたね。家にいることはなかったです。川の湧き水を冷たいと言って飲んでね。私らは貧乏な時代からいい時代になったからいいですが、これからの子どもたちは大変ですね。

――貴重なお話、どうもありがとうございました。

（聞き手　盛口　満）

注1　種子島ではお盆の時、縁側などに棚を作り、そこにバショウをみじん切りにしたものや米を供え、無縁仏に供えるという風習があった。このときに作られる棚を水棚、供えるバショウのみじん切りをミズノコと呼ぶ。『種子島民俗調査報告集（一）　西之表市の民俗・民具　第一集』（鹿児島県西之表市教育委員会発行）

第３章　トビウオの寄せる島

話者　屋久島永田《ながた》　渡邉《わたなべ》　泉《いずみ》さん

長い間、山仕事が暮らしの中心であった屋久島の中でも、永田は水田の広がる集落です。その永田で、稲作りにたずさわってこられた渡邉泉《わたなべいずみ》さんのお話を二〇〇九年六月一九日にうかがいました。田んぼの話から、一転、トビウオ漁の話になったとき、目を輝かせて楽しそうに話された様がとても印象的でした。渡邉さんは昭和四年生まれ。農作業の傍ら季節になると鉄砲を携える、猟師としての一面も持っておられます。

永田で昔からのことに詳しい人は、と尋ねると誰もが渡邉泉さんを紹介してくださいます。島在住のカメラマン・山下大明さんに、渡邉さんのお宅まで案内をしていただくとともに、同席していただきました。

私と田んぼ

――琉球列島の島々で、昔の田んぼの作業や、田んぼの周辺の生き物について、いろいろとお話をうかがっています。泉さんは小さな頃から、田んぼを手伝われていたのですか?

私なんかが田んぼの仕事を覚えたときは、おふくろの後ろについて、小さな田んぼを耕す手伝いからです。その頃、小さな田んぼだと、畳五~六枚ぐらいの大きさで、大きなものでは一畝ぐらい……。その頃は、それで上等でした。熊手みたいなもので、稲株の残った田んぼを耕してね。学校から帰ってきてから、ここをたたけよと、母親に言われたところを耕して、それをやればおやつをもらえます。それから徐々に私も大きくなって、昭和一六年頃でしたか、種子島にあった農事試験場に行きました。その頃は、男として生まれたからには兵隊にという時代です。だから、寄宿舎生活を体験するのが大事だと。その頃は、天皇陛下のために……と聞かされて育った時代ですからね。種子島の試験場に行ったら、寄宿舎生活です。班ごとに、いろいろと仕事をさせられました。昭和一七、八年頃には青年学校に入って、軍事訓練を受けて、背嚢を担いだり、鉄砲を持って、西之表の海岸で訓練をしました。兵隊は三ヵ月行っただけで終戦です。終戦後、田んぼのお米は大切なものです。まだ、カライモにラッキョウと魚を食べるというのが、上等な頃です。だから永田にいる学校を出た人が集まって、何かせにゃいかんと話しあいをしました。カライモも増産しよう、キビも植えよう、牛飼って、ポンカン作ってと。その後、田んぼの区画整理が始まりました。田んぼは最初、手で耕しておったのが、馬で鋤くようになって、それが耕運機になって、やがてトラクターにと変化をしました。そうなると、こんなに楽なことはない。トラクターになったら、田んぼの広さが一反どこ

写真２　永田から背後の山々をみる

ろか、二反でもできる。区画整理をするときに、そんな話になって、そう決めて、今では楽な生活です。農協さんは、コシヒカリを宣伝していたが、自分じゃ、あんまりコシヒカリは作りたくなくて、違った米を作りました。他人より、おいしいお米を食べようと工夫もして。今はみんな機械になってしまいましたが、自分としては昔みたいにしようと、刈ったら竹にぶらさげて二週間乾燥をして、脱穀をするのにも、千歯も足踏みもあるし、そういうのを手元において、やっています。

——永田では何月頃に田植えをするのですか？

四月に田植え、七月の末に収穫。台風が来るちゅうことで、早め、早めにな。

緑肥の話

——私の住んでいる沖縄島の南部では、昔は田んぼに緑肥として、木の葉を入れたという話を聞くのですが、永田ではそのような緑肥を使ったことはありますか？

昔は草を刈って、緑肥にしたりしましたよ。センダンの葉を落として、踏み込んだりもしました。ダチク（和名ダンチク）も踏み込んだり、そんなにしていました。

——ダチクやセンダンの葉を使うというのは、初めて、聞きました。ルーピン（和名ルピナス）やレンゲを植えるということもあったのですか？

ルーピンもレンゲも、まだ作っています。今はレンゲが多いですな。でもレンゲばかり蒔くと、あんまり窒素が多くなってしまうので、レンゲを草刈りして、束って、刈ったものはミカン園にあげて、根粒菌だけを田んぼに入れるようにしています。

――昔は肥料だけでなく、農作業に使う縄なども、手近な植物を利用したりしていましたね。永田では、どんなものを使っていたのでしょうか？

そうですなぁ。昔は田植えのときに、田んぼに縄張りをして、それを基準にして苗を植えたり、竹に合わせて苗を植えたりしました。たとえば、狭い田んぼは、一尺ごとにしるしをした竹を使って、小さな子どもに植えさせました。大人が中に入って、やーい、やーいと合図をしながら……。ずーぅと、後ろにさがっていく植え方です。ところが、よそに行ったら、前のほうに植えるやり方もあって、ああなるほど、集落によっていろいろ違うなぁと思いました。

――シュロは使いませんでしたか？

シュロは蓑とか作ってな。もう、シュロの木もないですな。シュロは毎年、皮を剥がさんと、木がダメになります。

馬の話

――先ほど、子ども時代の話に、熊手みたいなので田んぼを耕したという話がありましたが、泉さんの子ども時代は人間の手で、耕していたのですね？

私なんかが田んぼを覚えたときは、集落にも馬がそうたくさんいなくて、三つ叉を使って田を起こしたり、ガンズイという短い熊手みたいなのを使って、田を起こしていました。深い田んぼは馬が入っただけで、泥が柔らかいですから、ドベドベになってですな、代掻きをしたみたいになりましたが。

——それで、終戦後、馬を使うようになったということなんですね？

終戦後は馬です。この永田は、スギが多かったですから、福岡から材木を買いに来て、それをどんどん出して、それがもとで、馬が入るようになりました。今は道がいいから、山の奥まで車で入りますが、当時は「地ずり」といって、木をずっと引いて来ました。自動車もなくて、昔は馬車です。それも金輪で、カッタン、カッタンする時代です。私が福岡でタイヤを見つけて、これじゃったらいいと、タイヤを入れて、これがはやるようになりました。ただ、ものを引かせるには、ここの馬の倍、強くないといかんと、北海道へ行って、道産子を連れてきました。これでなければ引かれん……と。

こうして、大きな馬を連れてきたので、田んぼも馬を使って鋤を引かせて耕せるようになりました。私は博労《ばくろう》の免許はありませんから、鹿児島に行って、博労を見つけて、紹介してもらって、屋久島中の馬の入れ替えをしましたよ。

——馬の手綱は、何が材料だったですか？

縄です。米の縄ですよ。

——馬のほかに、牛も飼っていましたか？

牛は最初、生づけでした。

——生づけ？

直接牛同士を交尾させることです。その頃は、宮之浦から永田まで牛を連れてきて、生づけして、子を作ったりしました。そのうち、人工授精が始まって、私は鹿児島に行って、二週間勉強をしてきました。

――山羊は飼っていましたか？

昔は山羊もおったのよ、ここでも。昔はあっちこっちいたが、今は一頭か二頭かな。昔は食べもしましたが。

平木作りは爺さんの仕事

――ところで、泉さんのお宅は、ずいぶんと古いようにお見かけしますが。

古いよ。ほら、柱も真っ黒くなっている。この家にも囲炉裏《いろり》があったから。その煙ですすけている。爺さんたちは、家を焦がすちゅうてな。そうすると屋根を葺いている平木が丈夫になると。

――屋久島では、屋根は茅葺きではなくて、スギ板を割った平木で葺かれていたのですね。

ほとんど平木。今になって、スレートとかで葺いたりするが。私が子どもの頃、爺さんたちが屋根の葺き替えをすると言って、山から丸太を持ってきて、庭で割っているのを見ていました。平木は束ねておいて、雨が漏ったときには、雨の漏った場所の平木を屋根の下からついてしるしをつけておいて、それを目印にして、天気のいい日に、雨漏りがするようになった黒味がかった平木をうっちゃぶって、新しいものに葺き替えたのを覚えてますよ。

――時間のあるときに、葺き替え用の平木を作っておいたのですね。

暇な時にな。お金で買うと高いですからね。平木作りは爺さんたちの仕事です。ただ、平木作りの職人というのもいました。この人らが、パンパン割っていくのを、小さい頃は見ておったもんじゃけど。この職人さんと素人の爺さんでは、同じ平木を作っても、厚みとかが違ってきます。職人さんのはきれいにそろう。割り方があると思う。柾目《まさめ》を見て割っていくとか。素人はただ割るから、こっちは薄くて、あっちは厚うして……となってしまう。

――薪はどうしていましたか？

薪はそこらへんから採ってきます。

――何の木でも？

何の木もな。

囲炉裏の中に、ドテ木という大きな薪をくべて、火を消さないように小さい薪で火を呼んで、そうして焚きよった。

――永田では、薪に不自由はしなかったということなんですね。

永田は後ろが急に山でしょう。屋久島でも下屋久は平地が多いですが。永田は、裏は、じき山ですよ。屋久島でも、永田が一番景色がいいと思いますよ。松原があるし、口永良部は見えるし、永田橋に入ったとたん、永田岳はちゃんと見えるし。

昔の子は忙しかった。山に行って、焚きもんを取ってこにゃあ、おやつはあげんと言われて。そのおやつもラッキョウだったり。シイの実も、子どものおやつ。今の子はおやつだらけで、何でもあるからなぁ。

ウナギ捕り

――屋久島の中では比較的田んぼの多い永田でも、昔はそうそうお米ばかり食べられるわけではなかったのですか？

米はお祭りに使ったり、人を呼んで仕事をしてもらったときに、ご苦労さんというときに出すもの。もらった人も、ああ、おにぎりをいただけて……と、そんな調子でした。ですから主食はほとんどカライモですな。それにラッキョウ、魚です。

――田仕事などは、共同作業も多かったと思います。沖縄ではユイマールとそんな作業のことをいいますが、永田ではなんと呼ぶのでしょう？

ここらでは、番回しというて、隣が番だから雨が降ってもカッパ着てやらにゃあならんど、とか言ったりしました。田植えがすめば、ご馳走です。親はわが子に残ったご馳走の一部でも持って帰ろうと思い、子どもはお母さんたちは何を持って帰ってくるかなぁというのが、楽しみでした。

――田んぼ周りに、ウナギなどの魚はいましたか？

ウナギはいたんですよ。あと、ラクマがよくいたりしました。ラクマは普通のエビよりも、手が大きいエビです。これは、おいしい。田んぼのミナ（和名タニシ）も、大きなものがいました。田んぼのミナは食べたことはないな。今は見らんとなー。

ウナギはツボを仕掛けます。竹を細長く編んで、すそをしばって、中に餌をしこんで、入ったら出られないという仕掛けです。これに紐をずーっとつけて、木にくくって、川に沈めて、ウナギはそんなにして捕りました。

トビウオ捕りを思い出す

――永田は海が近いですよね。ウミガメの卵を採って食べたりもしましたか？

昔は食べてた。自分は食べたことはないですね。

私らが若いとき、本船につながれて、トビウオ捕りに行くとき、港からこうして見れば、カメん姿を見たよ。トビウオ捕りの船を出すとき、トビウオを捕ったら、合図して、また大きな船に引っ張ってもらって。そこからうちらの船はずーぅとトビウオを探して、トビウオを捕ったら、合図して、また大きな船に引っ張ってもらって帰る。

――トビウオ漁の船に乗っていらしてたんですか？　小さな船というのは、何人乗りぐらいなんですか？

一四、五人は乗る。網を引かにゃあならんでしょ。うちなんかはそんときまだ若くて、網を引いたりスミテという合図をする係りです。トビウオが相当に捕れたときは、船に一杯積んで、それでも入りきらんで、網の底をくくって、網ごと本船に引っ張ってもらって。それが、今は一匹も見ない。

朝、船を戻すと、おばさんたちがトビウオくれーっと、浜に一杯来たものです。トビウオをもらった人は、どの船がくれたとわかっているから、後でその船に焼酎をくれるわけ。どの船やったかわかってるものやから。

――それは泉さんがおいくつぐらいの頃の話ですか？

二〇から二四、五までの話やな。五月頃、田んぼを作ってても、トビウオだーっと言うと、田んぼを放って駆けて行って船に乗ったもんです。トビウオ捕りに行って、田んぼは明日になるわけよ。今はトビウオが捕れんから、ゆったーりしていて、田んぼは田んぼで機械化もされて、人も頼まんでしょ、一人でできるしね。

——トビウオの来る季節は、浜に見張りがいたんですね。

浜に見張りがいてね。トビウオがピーッとだいぶ飛ぶから、それを見て合図するわけよ。トビウオが来てから船を浮かべては間に合わないから、潮の満ち引きの加減をみて、ずっと船は浮かべておいてね。自分はこの船の主に乗り手として頼まれているけれど、走って行って間に合わなかったら、どの船でもいいから乗って行く。でも、トビウオがよく獲れる船というのがあるから。捕れにゃあ、がっかりするわけ。だから早く行って、自分の船に乗らんと、と。

——乗り組み員には、取り分があるのですね。

仕事によって、どのくらいか、というのが決まっている。表立《おもてだ》ちというのは、トビウオを見る人。船頭は舵を取る。

スミテというのは、船から飛び込んで、船につかまりながら、メガネをかけて水中を見ていて、トビウオがいるか見る。いたいたーと、トントン、船端をたたいて合図して。その合図で、網を落として、網を閉じる。

周りの船は周りの船で、あの船が妙なことをしている……と見ているわけ。

——船同士でも、競争があるのですね。

捕る船は、いっつも同じ船ですよ。潮はどっちから流れてくるとか、トビウオがどう飛んだとか、知っているから。トビウオが、チャッ、チャッと、尾を引いて飛ぶ。それを見ていて、どう捕ったらいいか判断する。これは船頭の力です。

二艘の船で網を引いて、トビウオの群れを囲みます。スミテは、トビウオの群れが網に入って、網の一番、袋の奥に入って、頭を返してすぐ、網を閉めるように合図をしないと、トビウオの群れが逃げてしまう。私が最初にスミテをやったときは、群れが網に入ったから喜んでいたら、半分が逃げてしまって、船頭に怒られました。それから、船頭にどうしたらいいか、教えてもらって。

スミテの合図で、二艘の船が網を絞っていって、それから網を揚げて、トビウオを捕ります。

思い出すよね。

——それにしても、田んぼを作りながら、ある瞬間から、今度はトビウオの漁師に変身するのですね。

人間が足らんしね。一年に一回のトビウオ捕りだから。あっちゃーし、こっちゃーし、と。田んぼは明日でもできる、と。トビウオと聞いたら、他人の田んぼも何も踏みちゃーして、走っていったよ。

——トビウオーっと聞いたら、走ったんですね。

走る、走る。

——捕ったトビウオはどうするのですか?

干し物やな。今は通り道は、みなアスファルトになっているが、昔は道にずらっと、トビウオを並べた。馬車走らすとき、トビウオを踏まんように、と。それで、家の前に道がない人は、棚といって、柱を立てて、竹を編んで、その上にトビウオを並べて干した。

トビウオが捕れて、自分の分け前のとき、お金いらんからと、トビウオをもらうことができた。三〇〇なら三〇〇と。一年分のトビウオをもらう。トビウオをもらわん人は、会計から、お金をもらう。

――船主はどのくらいいたのですか？

船主は一〇軒ばっかりおったんじゃないか。船を持っているが、網を持っていない人もいた。お金持ちの人は船も網も持っていたけれど。船しかない人は、網しかない人と組んでね。昔の人は、仲良う分け合うてするのが、よかところよ。

――二四歳頃までは船に乗っていたということですが、その後、トビウオが捕れなくなったということですか？

その後、トビウオが捕れたり捕れなかったりするようになって、船主がやめて空船が出るようになった。

――徐々に捕れなくなったということですね。船に乗るのは、どんな人だったのですか？

船頭は経験者。網を引く人は、三〇代、四〇代の青年。昔の網は、水に濡れると重いもの。ナイロンなら水がサーッときれて楽なんだけどな。スミテは海に達者な人がなった。

田仕事と海と山

――泉さんは、漁だけでなく、山の猟のほうもされていたと聞きましたが。

トビウオは五月。猟は一一月から。鉄砲を持って。普通の百姓しながら娯楽がないからと、シカやサルを捕ってな。動物園に送るのに、ワナを作って、サルを生かしたまま捕って送り出したこともある。シカ撃ちは、イヌが川にシカを追い込む。シカをかみ殺しても、自分では何も食わずに人間のところに来て、人間をシカのところまで連れて行くような、えらかイヌもおった。

昔の年寄りがおれば、いろいろと、こんな話がはずむが、今は私が一番年上になってしまって、こんな話もする人がいないよ。

——今日は本当に、いろいろなお話、ありがとうございました。

(聞き手　盛口　満)

第４章　水辺の暮らし

話者　奄美市住用《すみよう》町摺勝《すりがち》　森田《もりた》　勇《いさむ》さん

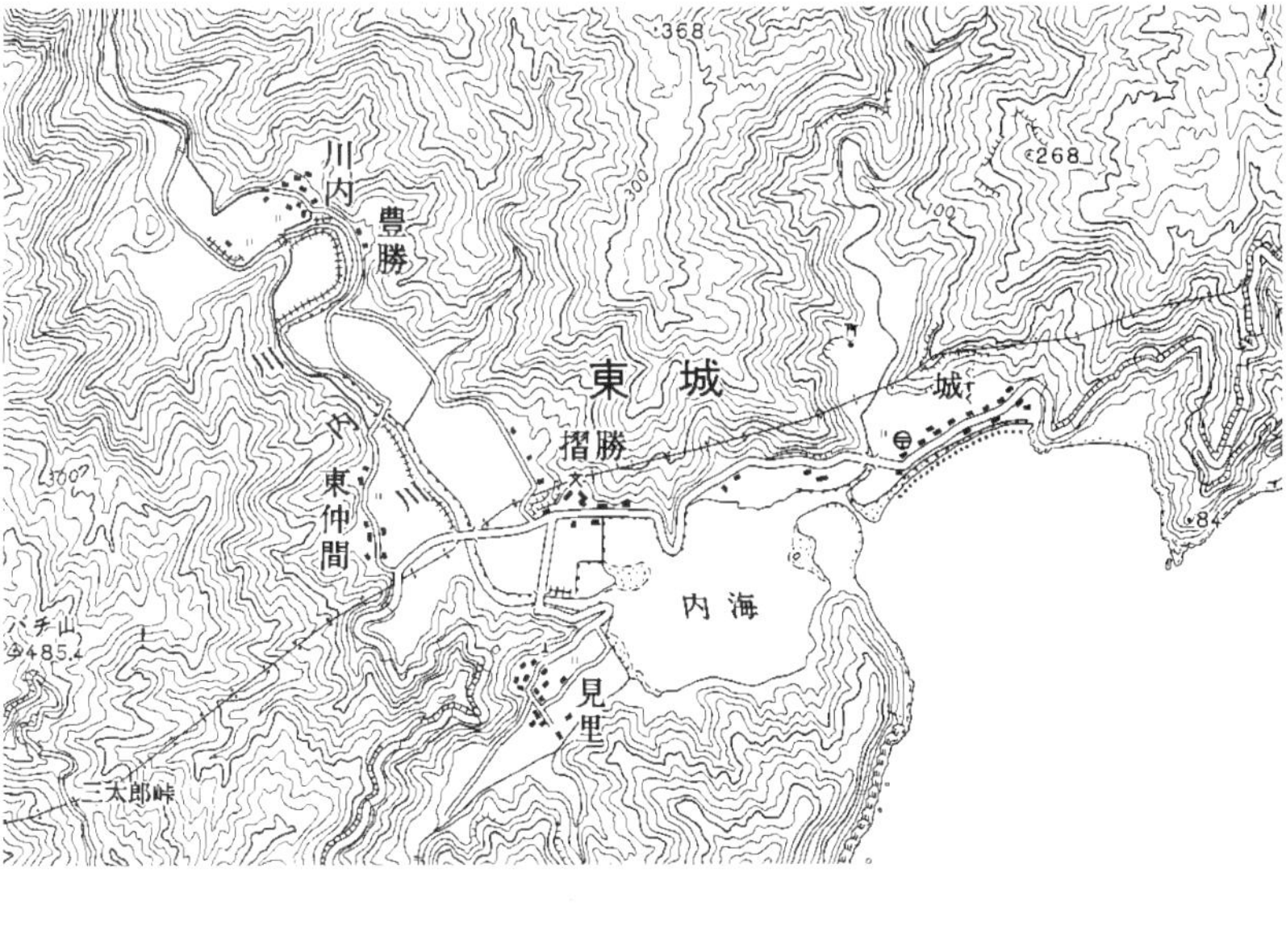

摺勝《すりがち》は川内川河口部にある集落で、かつては広い田んぼが広がっていました。また川内川の河口部は、砂州で堰き止められた、内海と呼ばれる湖となっており、湖岸にはマングローブの姿も見られます。そのような水辺に位置していた集落での暮らしぶりを、昭和一七年生まれの森田勇《いさむ》さんから二〇〇九年九月六日にうかがいました。森田さんを紹介してくださったのは、瀬戸内町で造園業を営む、前田芳之さんです。前田さんにはご同席いただき、適所で聞き手への助言や、話者の語りの補足もしていただきました。

水辺の暮らし

——住用一帯は川があり、マングローブがありと、水辺の自然に恵まれていています。こうした環境は琉球列島の島々の中では、珍しいと思います。そんな環境では、どのような暮らしがなされていたのか、おうかがいできないでしょうか。

湖があるのも、ここだけですね。以前は住用街の市《いち》にも湖がありましたが、今は舟溜りになっています。マングローブがあるのも、この住用一帯と、あとは龍郷に少しあるだけですね。今、お話をしている広場は、内海を国道工事のために埋め立てたところです。内海の干拓をはじめに手がけたのは、およそ三〇〇年前、享保の頃の田畑佐文仁です。干拓をしたところは、畳表のムシロに使うイグサ（和名シチトウイ）や、田んぼを作っていました。水が豊かなこのあたりでは、昔、サトウキビを搾るのにも水車を使いました。牛でサーター車を回すことはありませんでした。どんな測量をしたのかと思うほど、本当にうまいぐあいに水をひっぱって、ため池にためて力をつけてから流して水車を回していました。山すそには今も多くの水路やため池の跡があります。

――サトウキビを搾るのも、水の力を使っていたのですか。その水路の管理はどのようにされていたのですか？

サトウキビを刈り始めようかという頃、冬頃ですが、その季節の前になると出夫（イジブ）と言って、利用している人たちがみんなで出てきて修理をしました。季節までは、水車も田んぼの中に腐らないように埋めてあったとのことです。

――では、田んぼはけっこうあったのですね。

田んぼは多かったですね。

写真３　三太郎峠からみた 1973 年頃の摺勝付近。写真左側は学校、その後ろの岬の背後に砂州がみえる

ハマイヌビワとシャリンバイ

――瀬戸内町では、田んぼの緑肥にソテツの葉を入れたという話を聞きましたが、このあたりではどうでしょうか？

緑肥にしたのは、アンキャネクとかアリキャネク（和名ハマイヌビワ）と呼んでいた木の葉や小枝です。緑肥にしたのは、水に入れて腐る植物です。ソテツ葉も入れていましたね。ここいらへんには、今はソテツ畑はないです。それぞれの畑の縁にソテツが植えられていました。ただ、このソテツはその後、売られてしまって、今は少なくなってしまいました。緑肥には葉を生のまま入れて踏んづけるのですが、腐るのが遅いと、足が痛くなります。女の人にはこれをやるのは、大変であるので、ソテツ葉は敬遠されていました。苗代の緑肥はたいていアンキャネクです。

――アンキャネクの葉は、八重山などでは山羊の餌にすると言いますが？

山羊も牛も食べますね。でも、それほどはあげません。餌としてならトベラも使うし、シャリンバイやイヌビワも使います。アンキャネクを食べさせる人は、山羊飼いのうまい人じゃありません。たくさんは食べないですから。アンキャネクは量が採れますが山羊はそれほど好まないですよ。山羊が好きなのはシャリンバイです。これは皮まで食べます。クワの木も好きですね。それに比べるとアンキャネクはそこまで食べません。ですからあれは無精者のあげるものです。山羊がかわいそう。

――シャリンバイを緑肥とすることはありますか？

ありませんね。シャリンバイはそんなに田んぼ周辺にはありませんから。あれは山の中のものです。

――それにシャリンバイは染料としても使うということもありますか？

そうですね。染料に使うシャリンバイは、海岸端のシャリンバイの質がいいと言います。海岸端のシャリンバイは風にゆらされて、詰まっている……と。マングローブの中のシャリンバイは、染物用には使えないとも言っていました。これは水の関係かとも思いますが。

うちは染物屋でした。だからシャリンバイを買っていたのですが、親父はマングローブのシャリンバイは持ってこられてもすぐにわかると言っていました。親父は昭和三六年頃まで染物屋をやっていましたよ。

染物の話

――マングローブに生えているヒルギの皮を染料にすることはなかったのですか？

ヒルギの皮を染料にするというのは、聞いたことはありますが、私らのときはなかったですね。私らのは、藍と泥染めです。たまに他のところで染めて失敗したものが返品されてきて、うちの親父が染め直しを頼まれることもありました。ただ、その頃はできれば染物をしているところには近づきたくなかったですね。学校から帰ると、シャリンバイ担ぎとか、ひたすら水汲みとかやらされますから。その当時、うちにガブ割（シャリンバイの木を細かく切断すること）をするために雇っているじいさんがいて、直径一・五メートルくらいの大きなナベ（ハガマ）にシャリンバイの木片を入れて煮ていました。

――藍染のアイは、山の中で栽培していたのですか？

私らのところは、徳島の藍玉を買ってきていました。山の中にはアイが生えていますが、あれは本当の自然いのものなのか、それとも昔、人が作っていたものか、どちらなのかと。ここいらではアイのことをエーといいます。山の中にエーガマが残っていたという話も聞きますから、昔は山でアイを育てて、藍を作って、下ろしてきたのかなと思います。アイは山の中じゃないとうまく育ちませんから。おもしろいことに、木の下ではアイは繁殖はいいけど、あんまり花は咲かせません。山から採ってきたアイを家の庭に植え替えて、去年、初めて花の咲いたのを見ました。奄美の山中には、アイを作っていたところかなぁと思う、広いところがありますよ。そこは集落からずいぶんと遠いところです。ですから何日か山泊りをしていたのかなぁと思うようなところにあります。

山の道

――山からものを運ぶときに、川を使うことはありましたか？

ものによりますよ。でも、当時は皆、けっこう達者ですから、歩いて運んだことが多いです。たとえばここから大和村まで、子豚を担いで平気で行きよったとのことですから。大和村は距離が近いほうですよ。山の道では、三太郎峠が一番最近まで使っていた道です。隣の西仲間まで行く場合、海を使うことはほとんどありませんでした。昔の船は手漕ぎですし、この外は荒海ですし。難破した人もいます。ですから、普段は三太郎峠を使いました。住用のほうで運動会がある……このあたりの三校一緒だとなると、峠を使います。住用まで一時間、かかりませんでしたよ。くだりは走るからね。

――山から材木を出す場合はどうしたのですか？

この川内山あたりには、近鉄所有の山がありました。枕木を出す場合は、尾根の側（ウスジ道）を下ろしてきます。木材を下ろす道は普通、キンマ道（牛ビキ道）といいます。斜面の急なところは、山の斜面に木を差し込んで、ソロバンという木を引くための道を作ります。その上を、そのままの木や、ソリをつけた木を引いて行きます。ソロバンでは牛は使えませんから、木を引くのは人力です。木を下ろしてきたら製材をするわけですが、水力の製材所があったとのことです。このあたりと住用の役勝《やくがち》は山の仕事をするために、あちこちから人が来ていたとのことです。徳之島の人も来たと言います。枕木は木を切った現場で、ハツリで四面を削って下ろしたそうです。

――このあたりの山は用材用だったのですね。炭焼きはなかったのですか？

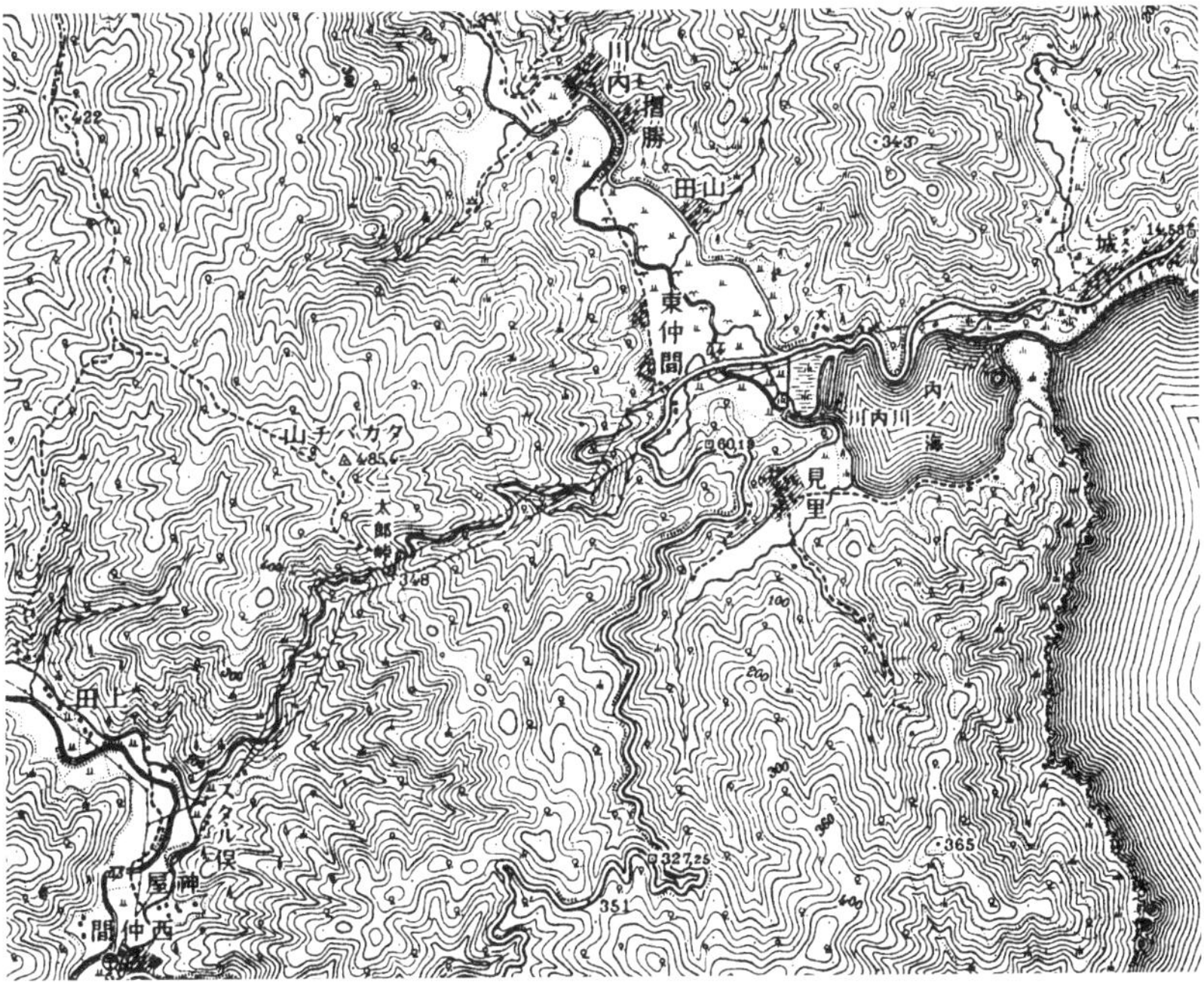

図１　大正時代の摺勝と三太郎峠付近

用材にできるような大きな木のあるところですから、炭に焼くのはもったいないです。内海の周りにある山では炭焼きをやったりはしていましたが。あと、炭は窯を作って移動しないといかんでしょう。大変ですよ。それに今みたいに林道やチェーンソーがない時代ですから、斧やナタで切れる範囲の木しか、使わなかったんです。炭焼きの木を斧で切るには理由があるんです。窯で焼くときに、窯の底にベタッとついてしまうと焼き残りが出てしまいます。そこで先をとんがらせて切るわけなんです。

マングローブの利用

——マングローブに生えている木は使いませんでしたか？

使いません。マングローブには、トゲのあるナンテンカズラなんかが生えているでしょう。こういうトゲのある木や背の低い木が密集しています。そういうところですから、木の下を這って行かなきゃ中に入れません。こうした場所は伏せて歩かなければならないので、こうした場所に生える木のことをフックギというらしいです。それにけっこうハブがいるんですよ。カニも多くてイノシシも多いんです。ですからマングローブ林の木を使うということは、あまり聞いたことがないです。

——このあたりのヒルギは背が低いので、以前利用されていた跡なのかと思ったのですが。

ヒルギは大きくなるのが遅いね。

——マングローブの中には、大きなシジミ（和名ヒルギシジミ）がいると思うのですが、食べるということはありましたか？

食べたことはありますが、あんまりおいしいもんじゃありません。ここいらではテツコホと呼んでいます。そんなにたくさん採れるものでもないですね。内海には、テツコホよりもっと小さくて、ハマグリみたいな麦と呼んでいる貝がいます。これはもっとおいしいですよ。それともっと殻が薄い二枚貝もいましたが、これは埋め立てた後、消えてしまったですね。昔は長いマキニナも食べよったです。苦いやつですよ。

シイの実と椎茸

——奄美にはオキナワウラジロガシという大きなドングリをつける木がありますが、この木の実には特別な名前はありましたか？

カシの実ですね。ヤモといいます。

——シイの実は食べましたか？

シイの実は食べました。季節にはみんなで拾って、よく食べました。拾うのには、人手がいります。採ってきて、焼いて食べたり、水にかけて浮いたものを除いて、ゆがいて、乾燥したのを臼で皮だけ取って、粉にしたり、それをおかゆにしたり、砂糖を混ぜてお菓子にしたりもしました。ただ、シイの実を食べすぎると、傷や吹き出物ができるというのです。イノシシを食べ過ぎると、やっぱり吹き出物ができると言いますが、イノシシがシイの実を食べているからでしょうかねぇ。イノシシは産後の婦人には食べさせるなとも言いました。シイの実のほかに、餅や椎茸も傷のあるときには食べさせるな、と言います。

——椎茸のお話が出ましたが、奄美では天然の椎茸を採って食べますね？

そうです。風倒木なんかに椎茸が出ます。昔は適当なところに木を切って、そこに傷をつけて椎茸が生えるのを待つということもしていました。林道を作るのに、大木を切って倒すと、そういうところから自然に生えることもあります。こうした自然培養のものは、香りがものすごく良くておいしいです。種類もいくつかあって、ホルトノキに出るものに、大きくなる椎茸があります。栽培の椎茸にも同じような品種がありますよ。栽培種のタネの中にも、このあたりの山から採っていったというものもあるそうです。椎茸はナバといいます。

――野生のキノコで食用にしているのは、キクラゲと椎茸ぐらいですか?

他にはカタナバやマツタケというキノコがあります。カタナバは白いキノコです。アサゴロ（和名フカノキ）やヨーゴロ（和名カクレミノ）につきます。アサゴロやヨーゴロに出るときは、土の中の根っこにも出たりします。その他、ハゼにもつきます。たまにガジュマルにも出ますが、ガジュマルから出たものは、表面は茶色っぽい気がします。このカタナバのほうが、豚の三枚肉やニンニクとかと炒めて食べるときは、ナバよりおいしいです。

そうそう、昔は青くカビている椎茸も、塩を混ぜて発酵させて、醤油みたいにして食べました。これは、ものすごくおいしいものです。これは、山を歩く人のいる家にあるものです。うちは、親父がそういうものを作りました。雨なんかが降って、椎茸が黒ずんで、中にはアオカビみたいなのが生えているものも使いました。

薪の話

——集落で潮焚きもしていたのですか？

潮は集落ではなくて、自分たち家族で焚いていました。旦那のいない女の人などは塩を買っていましたが。潮を焚くのは、内海の当山というところや、グスク、ワヤの海岸です。そこに潮を焚くための釜があって、交代で釜を使わせてもらいます。その潮汲みがまた大変なのよ。潮を汲みに下って行くでしょう。下っていったら、上がって行かなきゃいけませんから。木の桶とかに潮を汲んでね。子どもは二人で一つの桶を運んだりしました。ずーっと、焚きっぱなしにしないといかんからね。子どもからしたら、夏休みのほうが大変よ。潮焚きのほかに、稲刈りもあるし。稲刈りは朝の涼しいときにやります。自分の家の田んぼじゃなくて、あちこちの田んぼの稲を刈って回るわけです。子ども会の資金作りのため、田の面積で請け負ってね。もう、小学校一、二年生からやりますよ。親も、こんなふうにやらせると覚えてくるからと考えていたんでしょうね。昔は稲刈りに田んぼに入ると、くちびるがすごく乾きよったけどね。刈り始めるとすぐにね。あれはなんでかな。

——潮焚きの薪は、どんな薪でもよかったのですか？

砂糖を焚くのと同じような、平釜だったから、三尺くらいの長さの薪を使いました。薪には松が一番、良かったように思います。砂糖を焚くときも、松の薪を用意できる人は優秀な人でしたよ。松は生の葉も、ちょっと干せば燃えますから。松のほかでは、エゴノキも薪の代表ですね。もちろんシイの木やタブの木も使います。

——家のカマドでは松を使いましたか？

煙がすごいから、松は家のカマドでは使いません。昔と違って、今はシロアリが増えました。小さい頃は、シロアリ、見たことなかったもん。今は新聞をおいておいてもすぐ食われてしまうほどです。これはカマドがなくなったからかなと、思います。カマドのある頃は、たえず家の中が煙でいぶされていましたから、それでシロアリを見なかったのかと思いますよ。カマドの上に薪をおいて、乾かしたりもしましたよ。シロアリが増えたのは、最近よく言う地球温暖化のせいかもしれないと思っています。昔から、雪が降ったことはありませんが、昔は山の上のほうでは、ススキの葉っぱや牛の蹄の跡に結氷が見られました。

屋根の話

——屋根はやはりカヤ葺きだったのでしょうか？

いろいろです。一般にはカヤでした。そのほかには平木で葺いた屋根もありました。平木には杉やシイを使います。平トタンもありました。瓦屋根も何軒かありました。この瓦は内地のものでしょう。

——カヤ葺きのてっぺんに、かんざしのように横に挿す木がありますが、これには何の木を使いましたか？

ウンシュボー（和名シマミサオノキ）を使いました。これは雨ざらしにしても、四、五年、どうもないという木です。イノシシのワナとか、銛《もり》の柄にも使います。

——屋根を葺くためのカヤはどんなところに生えていましたか？

集落で使うカヤは山の高いところに生えていました。必要なときは、何人かが何日かがかりで刈り集めました。カヤも場所によって、長いものとか、葉の荒いものとかいろいろとあります。カヤの中にもトゲの強い、葉の大きなものがありますが、トウガヤといって、これなんかは屋根の下のほうに敷くのに使います。

――そのカヤ場は集落の共有地のような場所ですか？

そうです。カヤバテと呼びます。ここは牛の草を採る場所でもあったですよ。屋根葺き用のカヤは、今年は何軒くらい葺き替えるからと割り振って、刈る時期も決めていました。そのカヤバテも、今は林になってしまいました。屋根を葺くためのカヤを集めたりと、他の家の手伝いをするときがあります。手伝いの日当も、場合によって、いろいろですが、ご飯を食べさせるだけという場合もありました。こんな場合を、オバンといいます。オバンというのは、ご飯のことなんです。アジサイの花はご飯を盛っているように見えるので、オバンバナと呼びますよ。

――カヤバテはいつ頃からほったらかしになってしまったのですか？

昭和三〇年頃には、ほとんどそうなってしまったでしょうか。その頃からトタン屋根になりはじめました。昭和三五、六年にものすごい台風が来て、川内川もあふれて、その頃からカヤ葺き屋根はほとんどなくなってしまいました。

――台風のお話がでたのですが、台風で流されてきた流木を利用するということはありましたか？

流木を小屋の柱にする人もいます。川の中に木が沈むと、柔らかいところが腐ってしまって、硬い芯ばかりになって強くなります。そうしたものを使うわけです。使ったのはシイとかイスの木です。

——海岸に流れてきた流木を見つけたときに、自分が見つけたものだという印をつけたりしますか？

寄ってきた木に、自分が見つけたとい印に縄をかけたりはしたみたいです。ただ、ここは内海があって、直接海岸には距離があるから、あまり海岸の流木を使うというようなことはありませんでした。

身の回りの植物利用

——奄美ではワラビナカシ（和名コンロンカ）と呼ばれるツルがありますね。薪などを縛ろうと思っても、すぐに切れてしまうからそんな名前がついたという。逆に、強いツルはどんなものがありましたか？

テイカカズラ、ジバイカズラというが、あれはいろいろ使うよ。キンマ[注1]に使うのはムベとかクーガー（和名シマサルナシ）とか。ただ、いちいち名前を言わんで、ただカズラということも多いよ。シラタマカズラのツルも、芯を取り出して籠なんかを編むのに使いました。昔、ヤマウと呼んでいた釣りの糸に使っていた植物がありますが、これは何だかわかりません。

——シュロは使っていましたか？

ありました。シュロは手入れをしないと、木の下に芽生えが出てこなくて絶えてしまいます。昔は生活に関連しているから、常に周りを管理していたのだけど、今は関係なくなってしまってね。シュロはツグと言います。縄や蓑、細引きにして、いろいろな使い方がありました。

——ユナギ（和名オオハマボウ）は繊維にしましたか？

していません。川のふちによく生えていましたが。防風林にもしました。材はイカ釣り用の餌木[注2]を作るのには使います。

――縄をなうときは、どんなふうにないますか？

右手を前に出してないます。反対になうのは、祭りのときに使う魔よけのときです。しめ縄とか、十五夜のときの土俵とか。

――そのほかの木では、どのような使い道のものがありますか？

たとえばアサゴロは下駄を作るときに使いました。モチつきの杵はシマタゴを使います。木目がきれいですしね。臼に使ったのは松やシイですが、アカギを使うと最高にいいらしいね。ただアカギは切って道においておいても、一年後に芽がでたりするような、なかなか枯れない木です。

――竹はどんなものがあったでしょうか。

タイサンチクのあるところは、池の傍などに植えました。もともとは限られた場所にしか生えていなかったものです。このタイサンチクのタケノコは食べます。

――ホウライチクはどんなところに生えていましたか？

これは治水のために垣を作りました。川のふちに生えていた竹は全部、これです。山の中ではホウライチクの生えているところは境界になっているところですが、ほかに、山の中の水路脇にも植えられています。ホウライチクはキンチョーといいます。このタケノコは結構食べて、タイサンチクのタケノコよりも好きな人が多いですよ。

――八重山では、オオタニワタリの仲間の新芽を食べたりしますが。

ここでは食べません。オオタニワタリはコチョビといいます。

——ヘゴはどうでしょうか？　何かに使いましたか？

昔は土葬でしょう。そのときにヘゴを使います。お棺を土に埋めたあと、その上に一抱えもあるヘゴの幹を平たく割って載せます。ヘゴは何十年たっても腐らないから、何年かあとに改葬するときに、どこに埋めたかわからなくならないようにヘゴを載せておくわけです。

——川内川の岸辺には、モダマという大きなマメをつけるツルがありますね。

モダマは、川内川の支流のカツラカチ川の岸辺に生えています。モダマのツルは丈夫だから、子どもの頃は、ツルの上に乗って、よく遊びよったよ。

——アダンの実は食べましたか？

アダンの実は、柔らかいところを、よくしがんだよ。中に入っている種がアーモンドみたいな味で美味しいんだけど、小さいし、実を割って取るのに難儀するから、割りが合わないのであまり採らなかったね。あの中の髄は、漂流した人が拾って食べるって聞いていたよ。

ソテツの思い出

——奄美ではソテツをよく利用してきた歴史がありますね。

ソテツは私も食べました。ソテツのおかゆは黒いおかゆです。その中に入っている米つぶを数えましたよ。そんな食べ物を食べてきたから、昔の人は根性がついたとみなは言いますが、私はソテツのおかゆはおいしくありませんでした。ただ、ソテツの毒抜きの方法を、昔の人は工夫したんだなぁと思います。ソテツはコウジで毒を消すらしいですね。昔の人はすごいと思います。同時に、毒消しの方法を見つけるまでに、どのくらいの人が犠牲になったのかとも思いますよ。

内地の人で、ソテツの実を数回蒸して食べたら、ものすごい苦しんだらしいです。それと、傷にソテツの実をつぶして塗りよったです。頭に傷ができたりすると、化膿してしまうというので、生の実をつぶして塗りました。これで治りよったよ。

ソテツの幹のデンプンも食べます。ソテツの幹は皮のすぐ下と、中の芯のところと二種類にわけて、カンナをかけて乾燥をさせます。これを俵に入れておくと黒くカビが生えて、今度はこれを川でさらしてデンプンをとります。小さい頃、川原でソテツを干しているという風景がありました。それをカマスに入れて運んでいましたね。

水辺の生き物たち

――川のアユも獲って食べていましたか？

小さいときは獲って食べましたよ。捕まえ方もいろいろですが、一番、簡単なのは手づかみです。これは川の浅いところで、水中メガネをかけて手を広げて、手のひらをパタパタさせます。そうすると驚いたアユが石の下にもぐるので、そこを手づかみするわけです。これ、一番、原始的な方法です。アユを釣る人もいました。テナガエビを焼いて、飯粒ぐらいに小さくして針につけて釣ります。

——魚毒は使いましたか？

イジュは山の中の川でウナギを獲るために使っていたみたいです。デリス（注3）が入ってからは、川でこれを使う場合がありましたが、デリスは毒が利きすぎて、一度使うと何年も魚がいなくなってしまったりしまう。このあたりでは、お酒を飲んですぐにふらふらする人のことをヤジといいます。ヤジというのはアユのことです。これはデリスの毒が利いたアユに似ているからついた呼び名です。アユは嘉徳川にもよくいましたね。

——オカヤドカリのことは、何と呼んでいましたか？

アマンです。海のやつもアマンです。陸のは食べませんが、海のは間違って貝と一緒に煮たりしても毒はありません。サザエの殻に入っているのは大きいよ。ヤシガニはこのあたりでは見たことがありません。

昔と今の違い

——いろいろなお話をうかがってきたのですが、集落周辺の風景で、昔と今ではどんなところが大きく変化してしまったとお思いですか？

そうですね。風景でいうと、道は立派になったけど、山に入るところが少なくなってしまったと思います。山の中はそんなに変わってはいません。山が荒れているわけじゃない。ただ、昔はどっから登ったかなぁと思うほど、山の入り口がなくなってしまった。

それに水田がなくなりました。昔は一面、水田でしたから。水田がなくなったら、子どもが家の仕事をしなくなりました。これは環境教育上もよくないんじゃないかな。今は稲を知らない子も多い。水生植物も少なくなるし。ウナギも全然いなくなりました。昔は内海のところでシラスウナギを獲りよったのにね。今は田んぼが少なくなったから、シラスウナギが上ってこないのよ。

基盤整備をしたときに、個人負担せずにすんだものの、このときに泉も古い河川の跡とか、無視されて埋められてしまった。それで今頃、地盤沈下していたりする。今頃ビオトープなんていうのも言っているけど、これは当時から考えるべきだったことです。今、昔の風景を取り戻すとしたら、いったいどれくらいのお金がかかることやらです。

私らの語ることが、少しでも学校のほうへ伝えられることがあるといいなと思っています。ここの学校に勤める先生には、ここに住んでもらいたいと思いますが、名瀬から通ってくる先生も多いです。私のところに話を聞きにも来ませんね。こんな話、何年かぶりにしゃべっている感じですよ。

――いろいろなお話、ありがとうございました。森田さんのお話が、どうしたらこの地域の若い人たちに伝わっていくか、私たちも考えていきたいと思います。また、よろしくお願いいたします。

（聞き手　早石周平・盛口　満）

注１　木馬。木材の運搬に使うそりのこと。
注２　餌木《えぎ》。イカを釣るときに使われるルアーの一種。
注３　殺虫剤の原料とするために栽培されたマメ科のツル植物。魚毒としても使用されることがあった。

第５章　炭焼きが盛んだった頃

話者　瀬戸内町嘉徳《かとく》　徳《とく》　秀信《ひでのぶ》さん

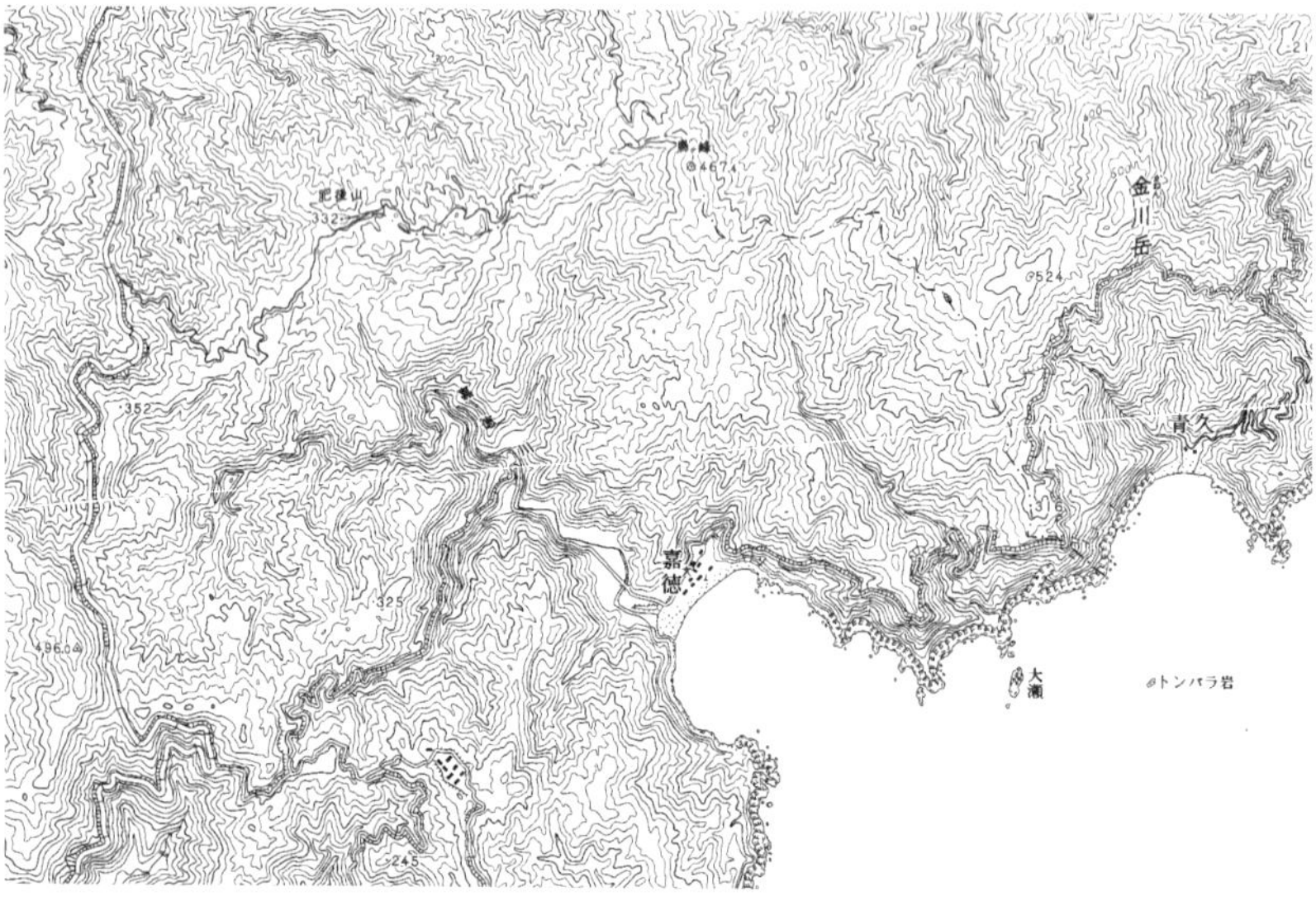

奄美大島の中でも、炭焼きの盛んだった集落の瀬戸内町嘉徳《かとく》で、二〇歳の頃から炭焼きをされてきた徳秀信《とくひでのぶ》さんのお話を二〇〇九年九月五日にうかがいました。徳さんは昭和六年生まれ。現在、廃校となってしまった嘉徳小学校の構内に、炭焼き窯の復元もされています。(注1) 話者を紹介してくださった元鹿児島森林管理署職員である藤本勝典さんが同席し、適所で助言もしてくださいました。

田んぼのこと

――琉球列島の島々で、昔の暮らしを教えていただいています。田んぼのこととか、どんな草や木を利用していたかとか、そういうことです。たとえば嘉徳にも田んぼはあったのでしょうか？

昔は田んぼもやっていましたけど、ここらは田んぼが少ないから、一軒で一畝か二畝ぐらいのものです。集落に少しと嘉徳川のそばに……。

――では、その頃の主食は？

イモが主です。田んぼで作った米は少ないですから外には出しません。自家用です。それもお盆とか正月に食べる用です。

――田んぼに緑肥は使っていませんでしたか？　瀬戸内のほかの集落の方からは、ソテツの葉を緑肥に使っていたというお話をうかがったことがあるのですが。

ソテツがある人はソテツを使いました。ソテツのない人は山の木の葉っぱを田んぼに入れよったよ。田んぼに入れたら、腐りやすい木を選んでね。ここらではアサグルー（和名フカノキ）やユーグルー（和名カクレミノ）の葉を入れました。

——畑はどうでしたか？

畑はだいぶありました。古仁屋に製糖工場ができたとき、畑はみんなキビにして、イモなんかちょっとしか植えなくなって、そのうち製糖工場が倒産したら、そのキビ畑はみんな荒地になってしまいました。

——田んぼや畑にイノシシの被害はありませんでしたか？

その当時、イノシシは今と同じようにはいなかったよ。今のようにいたら、集落から遠いところに畑を開墾できなかったよ。

——シシゴモリ（イノシシ用の落とし穴）はありましたか？

写真４　空からみた嘉徳（2009 年）。

畑の周囲にそれぞれシシゴモリを二、三個作っていたよ。たまには中に落ちていたよ。これも今は浅くなってしまっているよ。

炭焼きのこと

――嘉徳では炭焼きが盛んだったと聞いているのですが、炭焼きのことを教えていただけますか？　徳さんはいつから炭焼きをされているのですか？

二〇歳の頃からです。親父が炭を焼いとったから、親父から炭焼きを習いました。半年ぐらいは親父について手伝いをしました。それからそれまで親父が炭を焼いとった古い窯を譲ってもらって、自分で焼き出しました。昭和二七年頃のことです。このときは国有林を、用材を切り出すと言って払い下げてもらい、切り出した後残った木を炭に焼きました。このときの炭焼き窯は古いやり方の窯でした。昭和三〇年度から復帰事業で炭窯に補助金が出て、集落の皆が炭焼きをするよう

写真５　復元された炭焼窯

になったんです。このときの窯は新型で薩摩式といいます。ちゃんと窯の作り方が決まっていて、山内さんという技術者が来てその人に作り方を習いました。窯ができると、県の職員と山内さんが検査をして、これは合格といえば補助金が出るし、不合格といえば作り直しです。補助金は窯を作る費用の三分の二ぐらいだったかね。

——新型の窯というのは、どこが違うのですか？

昔の窯は炭を焼くとき、つきっきりしとらんばいけなかったです。夜も窯に泊まったりしないといけなかった。新型の薩摩式はそんなことはありません。薩摩式は窯の焚き口の狭まったところがしきりで区切られ、そこに薪を詰め込んでおくと、翌朝まで燃えています。補助金を出すようになって、昔の窯を改良して薩摩式にすることもありました。今、こんな昔の窯で焼いたのを覚えているのは、自分一人しかいません。昔の窯で焼いたことのある人はみんないなくなってしまって。自分も親父が炭を焼いていなかったら、わからなかったでしょう。この薩摩式になって、炭焼きが専業になりました。一番盛んだった頃は、集落に三〇軒あって、みんな炭焼きしていたよ。それまでは、うちの親父なんかの四、五軒しか炭を焼く人はいなかったです。

——炭焼きには季節があったのですか？

一年中、焼いておったよ。

——木を切ったら、次にどのくらいの間隔で、その場所の木を切るのですか？

一三年ぐらいで焼けるようになるけど、二〇年ぐらいたったのがいいです。

——炭にする木は主にシイですか？

奄美ではほとんどがシイです。山のほとんどはシイの木だから。最高の炭はカシとツバキです。シャリンバイも硬くていい炭になるが、ただちょっと火付きが悪い。シャリンバイは炭になっても重たいし、染料にもなりもったいないですね。イジュはあまりいい炭じゃなくて、炭として使うと、パチパチとはねます。アサグルー（和名フカノキ）みたいな軽い木はいい炭はできません。アサグルーとかの炭にならん木は、焚き口の薪に使います。炭にするとき、大きい木は割って焼きよったですよ。そのままだと質が悪いから。

——窯に入れたら、どのくらいの時間、焼いているものなのですか？

大きい窯だと二日から三日。窯の大きさで蒸す時間も違います。

——失敗することもあるのですか？

窯に隙間があると失敗します。だから一番大事なのはそこです。窯を作るとき、真っ赤な土は粘り気が強くて、乾かした後にひびが入りやすい。だから窯を作るのには、粘りのない土がいい土です。赤ではなくて、黄色い土がいい土です。

——窯の火を止める目安のようなものはありましたか？

火を止めるときは、エンロ（煙突）のまわりが真っ白になって、煙が見えなくなるときです。エンロが黒かったり、煙が出ているときに火を止めると生焼けです。煙が出ていなくてもエンロにマッチの軸をあてたら何秒かで火がつきます。熱が一〇〇〇度になっている……と。そんなふうにして火を止めるときを見分けるコツがあります。私の焼いた炭は、森林組合の人に「炭俵は汚いけど中身は一番」と言われました。

——いつ窯の口を開けますか？

口を開けるのは、窯の中の火が完全に消えてから。医者の診察と同じです。窯の診察をして、温度を見て、冷えていたら口を開けます。

ノコギリよりも斧のほうが早い

――炭焼きの木はどうやって切りましたか？

斧でしたよ。ノコギリよりも斧のほうが早いから。自分らは斧のほうが早かったもん。家内の親父は斧切り名人だったよ。木を切るのは、この親父にはかなわない。木を切るのは、力だけじゃないよ。木の倒し具合とか、どっちに倒したらいいかとか。後のことを考えてね。素人なんかはどこに倒していいか、わからない。下に倒したらいいとばかり思うと、後の始末に時間がかかってね。木を倒したら、窯の高さは頭の中に入っているから、その長さに木を玉切《たまぎ》りします。それも全部、斧よ。斧で慣れている人は、ノコギリは使わんよ。斧で切ると、切り口がとんがるでしょう。とんがりしたほうが、窯の中に立てるときにいいわけよ。木の下がベタッと窯の底についていると、焼け残るからね。チェーンソーを使って切る場合も、わざわざ斜めに切るよ。

――斧だけで切り倒したのですか？　シイは硬くはないですか？

シイなんかは硬いですよ。今はチェーンソーですけどね。チェーンソーは最初、森林組合の払い下げのものを使いました。エコーというメーカーのものです。チェーンソーでも名人のはチェーンソーの刃が木に引き込まれていくよ。

――木を切るのには、どのくらい時間がかかりましたか？

斧だったら、一窯分で四日から五日で切りよったよ。一人でよ。窯入れ、窯出しも一人ひとりでよ。大きい窯だと、一月に一回、焼いてね。その当時、一五キロの炭を一〇〇俵出す窯もあったよ。一人ひとり窯を持っていたから。炭を焼く場所も自分で選んでね。自分で窯を作れば、その窯で一四、五回は焼く分の面積を確保してね。その分を焼くと、また次の窯に移るわけ。

――じゃあ、一年ちょっとぐらいですか？

そうです。

――窯を作る場所は、どういう場所を選ぶのですか？

窯を作りやすい場所かどうかということと、土が問題になります。場所がよくても土がだめだと運んでこんといかんから。窯を作るのには、一ヵ月ぐらいかかりますね。

炭俵はどこから？　炭はどこへ？

――それだけ炭を焼くとなると、炭を入れる炭俵も膨大な量が必要そうですね。炭俵を編むカヤ（ススキ）を採るためのカヤ場があったのですか？

嘉徳の海岸の近くは、当時はカヤ畑でしたよ。

――カヤ畑には火入れとかをするのですか？

しょっちゅう刈っているから、それ以上、手入れはしません。嘉徳から隣の集落の青久《あおく》に行く方も、みんなカヤ畑でした。木は土地の主の承諾をとらないと切れませんが、カヤ畑は誰が刈ってもいいものです。青久の人なんかは、家の近くから広いカヤ畑があったから、青久の人が炭俵を作って、船で持ってくることもありました。忙しいとき、嘉徳では俵作りまでは間にあわなかったから、青久の年寄りなんかもカヤを採って俵作って、こっちに持ってきました。青久も今は一軒しか残っていないが、その当時は二〇軒ぐらいありました。その青久のカヤ畑も、今は木になっちゃっているけど。

——焼いた炭はどこに運ばれたのですか？

内地の製鉄所です。

——古仁屋《こにや》に出したのですか？

いいえ。ここに直接、船が来ました。今のバスの停留所近くに森林組合の木炭小屋があって、そこに集荷をしていました。焼いた炭は家族で炭俵に詰めて、女の人が二俵ずつ背負って運びました。強い人なんか、三表担ぐ人もいましたよ。女連中がみんな炭を運んでね。内地に炭を出したのは、昭和の三〇年頃です。

——その頃の嘉徳の人は、収入がよかったということになりますか？

瀬戸内の中では収入がよかったところでしょう。

——嘉徳以外ではどこが炭焼きをしていましたか？

節子《せっこ》や青久もやっていました。

——住用はどうでしょうか？

住用はやっていなかったね。嘉徳は昔から炭焼きをやっていたから。ここには徳之島から移って炭焼きをしていた人もいましたよ。宮崎から来た人もおったよ。

――内地に炭を出す前は、炭はどこに出していたのでしょう?

　その前は沖永良部とか喜界とかに出していました。これもここから直接出していました。集荷する人が、何日頃まで何俵必要と言って、集めてね。

――炭を焼いていても、自家用としては使わなかったのですよね?

　自分らは、炭は使わん。薪です。炭を焼いていたから、炭にする部分以外の枝は何ぼでもあったから。その当時は、どの家も二軒屋です。住居と炊事場と別々だから。薪を使うからススで真っ黒になってしまうので、炊事場と住居が分かれていたんです。それで必ず、二軒屋です。風呂も別に外にありました。

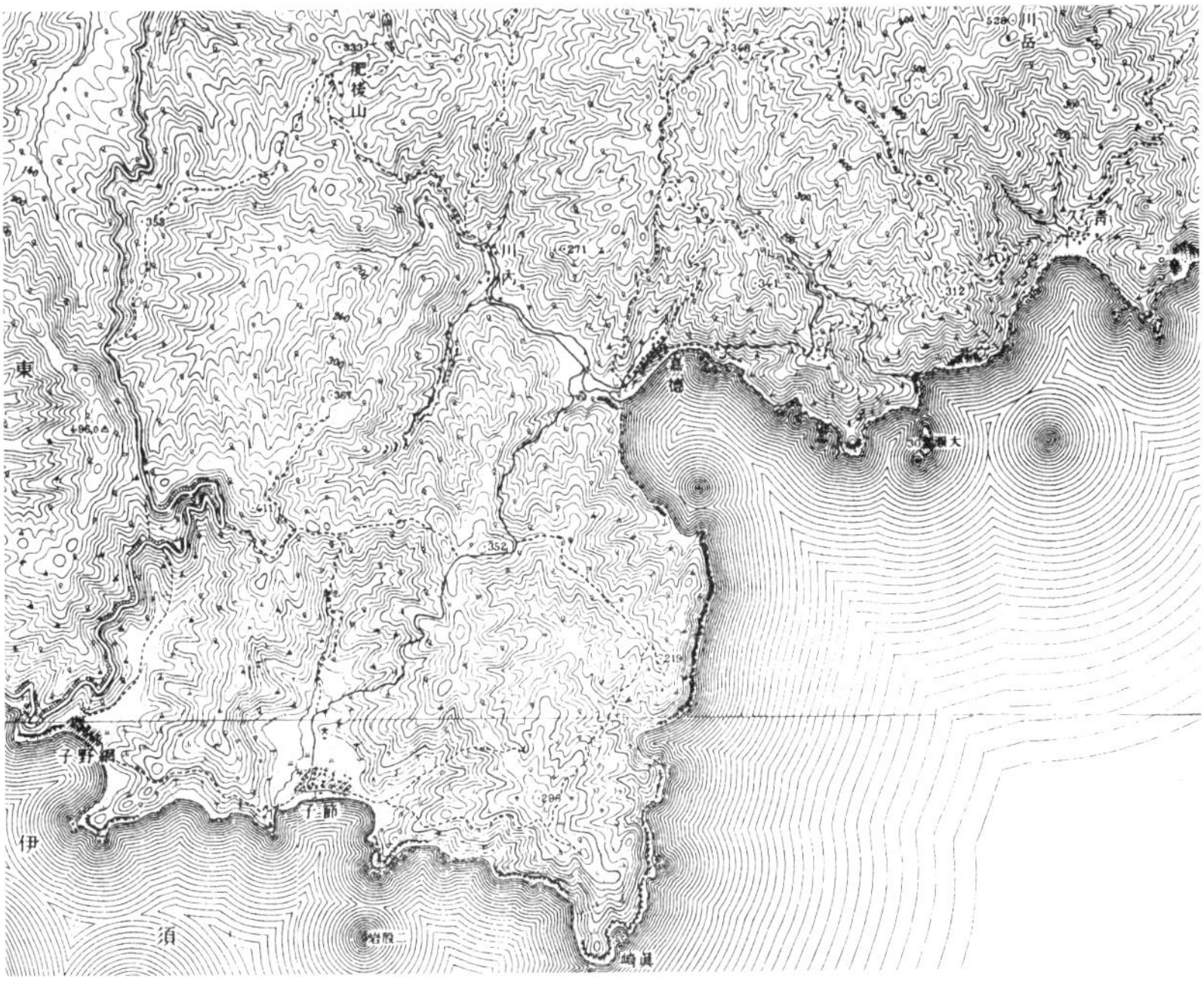

図2　大正時代の嘉徳および周辺の青久と節子

家の材料

——家の柱などは、シイの材を使っていたのでしょうか?

そうです。屋根はカヤ葺きです。今年は誰それの家の屋根の葺き替えをするとなると、集落の皆が持ち回りでカヤを集めます。一人ひとり、どれだけカヤを集めるかが、決まっているわけです。一束、ひとかかえぐらいのカヤを、八束で、一人分の集めるカヤになります。力の強い人は、これを一度で運びますが、力の弱い人は二度に分けて運びました。

——カヤを運ぶのに、牛を使うことはなかったのですか?

人で担ぎましたね。山から木をひっぱってくるのには、牛を使うこともありました。

——屋根葺きは技術がいりますよね?

そうです。技術が必要です。屋根にカヤを並べていくのも、そのカヤを締めていくのも、技術です。普通の人が並べていったら、カヤの厚いところと薄いところができてしまいますから。

——カヤを締める縄はどんな縄を使ったのですか?

ワラ縄です。その当時は、ワラがいっぱいありましたから。

——カヤ葺き屋根のてっぺんに、かんざしのように挿して、屋根のカヤを締める縄をかける木がありますね。それには何の木を使いましたか?

こっちでは、クルボー(和名トキワガキ)を使いました。この木は、刈り取った稲をかけて干すときの棒にも使いよったよ。まっすぐな木でしたから。

身の回りの植物や動物

——松は何かに使っていましたか？

松はチップ用に原木で出しよった。

——このあたりでは、野生のキノコを食べるということはありましたか？

食べるキノコといったら、ミングリ（和名キクラゲ）。あとは椎茸です。毒があると聞いているから、ほかのキノコは食べません。

——山でリュウキュウアイを栽培するようなことはしていましたか？

アイは自分らの頃はなかったですよ。

——川の魚などは獲りましたか？

川の魚は獲りよったよ。昔はこの川にはアユがたくさんいたよ。その当時は一人で川に入りきれんぐらい深いコモリ(注2)もありました。自分が一四、五のときは、底が見えんぐらい深いところがあって。それが道路工事とかで土砂が入って浅くなってしまった。最近もアユはおったのに、よその人が来て獲ってしまったわけ。昼間、何してるかときいたら、調査だと言っていたが、その日の晩にこっそり獲っているわけよ。

——ハブの話を教えてください。

ハブはいますよ。窯焼いていて、火を止めるのが夜になるときがあります。そうなると帰り道が暗くてね。

ハブはね、夜、ライトをつけると目が光るから、そのハブにライトを当てていたら動かないわけ。ハブがおったらライトでハブを照らして、自分は暗いところに動く。ハブのほうを暗くしたら、打たれるよ。(注3) 自分はハブに打たれたことはないよ。

——長い間、いろいろとお話をしてくださり、ありがとうございます。徳さんは、いつまで炭焼きをされていたのですか？

最近までしていたよ。

——そうですか。では嘉徳で一番長く、炭焼きを続けられていたのですね。本当に、貴重なお話を、ありがとうございます。

（聞き手　三輪大介・盛口　満・蛯原一平）

注1　『炭焼き窯の製作過程』（瀬戸内町教育委員会　二〇〇七）というパンフレットが製作されている。
注2　深みや淀みのこと。
注3　奄美では、ハブに咬まれることを「打たれる」と表現する。

第６章　昔の人に笑われるよ

話者 奄美大島瀬戸内町清水《せいすい》　里《さと》　力《いさお》さん

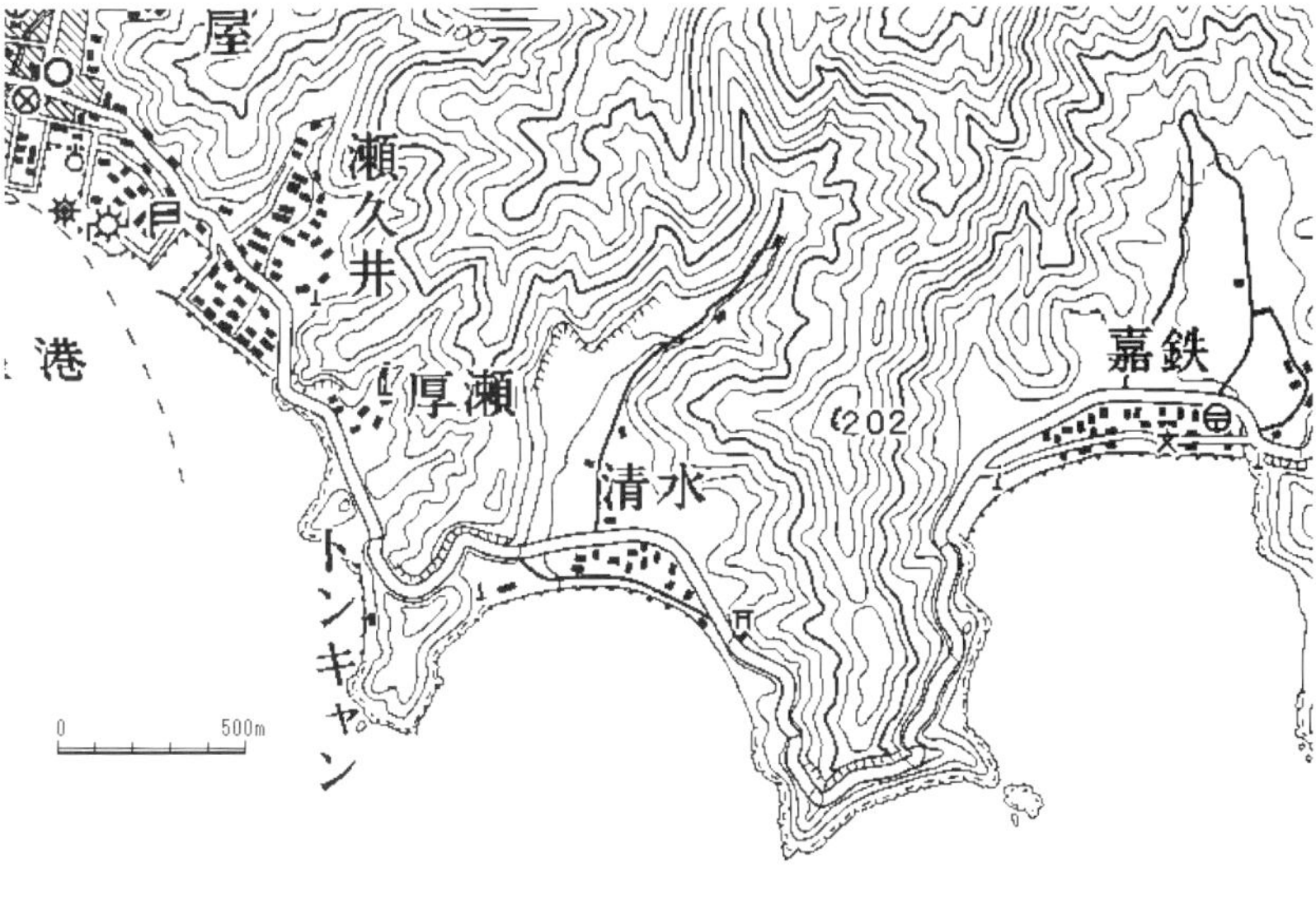

奄美大島の瀬戸内町清水にお住まいの、里力《さといさお》さんのお話をうかがいました。大正一一年生まれの里さんのお話の一部は、すでにこのブックレットシリーズの二冊目、『ソテツは恩人』の中でも紹介されています。今回はその『ソテツは恩人』で紹介したお話の続きを二〇〇九年六月一七日にうかがいました。

砂糖の話

――以前には、貴重なお話をありがとうございました。そのお礼かたがた、また、お話がうかがえないかと、やってまいりました。

また会えましたねぇ。さあさあ、あがってください。この砂糖もどうぞ。こんなん作るのは、自分ぐらいですよ。

――里さんは、まだご自分で製糖もされているのですよね。手作りの砂糖というと、どうしても黒糖というイメージがあるのですが、里さんのお作りになった砂糖は、ほとんど白ですね。

そう。個人製糖の連中が、作り方を教えてくれと来るけど、作りきらん。これは石灰と火の加減が難しい。何回、教えてもだめ。まず、サトウキビの汚れをきれいにとらんといけんもん。ていねいにとれば、こんなになるんだもの。

——砂糖を焚くときの薪はどうされているのですか？

いい時代よ。土建の連中が、道路わきの木を伐採するでしょう、それをきざんで、持って来てくれた。五ヵ年分は積んである。砂糖を焚くのに、今はボイラーで焚くが、自分は昔ながらの薪で焚く。裏山に油田があるようなものだから、石油が値上がりしても心配ないと言っているよ。昔の方々がやっていたことは、何でも、いいことよ。

今、一番思うのは、砂糖作りのとき、サンゴを焼いて石灰を作って、それを入れんば砂糖にならんと……。それはノーベル賞と同じ発見じゃないか？　海の中のサンゴを揚げて、焼いて、それを入れんば砂糖にならんと、どうやってわかったかと。

——石灰作りには、生きたサンゴを使うのですか？

生のサンゴを潮の引くときに揚げて。それを焼いて。今度、ノーベル賞をもらった人は、海のクラゲの研究でしょう。それよりも昔の人の知恵は上でしょう。海

写真6　画面右下が清水、左上には古仁屋の市街地がみえる（2009年）

のサンゴを焼いて、砂糖を作るなんて、昔の人の知恵は、今のノーベル賞ですよ。

——石灰を作るときは、サンゴをどんな釜で焼くのですか？

炭焼き釜みたいな釜ですよ。炭を焼くのとだいたい一緒です。サンゴは海から揚げて置いておくと、何んだかにおいがきつくてよ。今の子は、海水炊けば塩になるのもわからんはずよ。昔の人は、海水炊けば塩になるが、水炊けば泥にしかならん……とも言いよりました。

——炭も焼きましたか？

年中、焼いた。ほとんどシイ。一番いいのはカシ。松の炭は鍛冶屋用。昔の人は、何でも自然を利用して、えらいよねぇ。

ケンムン

山に行くときは、山の神様にサカキをあげて、線香をあげて。これは若いときから、癖になっているから。盆の一六日には、山の神様が天に登る日。正月の一六日も。だいたい、月の一六日には山に行かんようにとしていた。

——清水の山にはクロウサギはいるのですか？

このあたりにはいない。山が広いのに、不思議よね。同じように、イノシシは空港あたりにはおらんのよ。龍郷はものすごくイノシシ多いのに、目の前の笠利にはおらん。こっちでは与路島までイノシシが泳いで行くのにね。何かあるんでしょうね。どうも不思議。

――ケンムンを見たという話はありますか？

ケンムンはガジュマルとかホーキ（和名アコウ）とかに棲んでいる。ケンムンは、自分はおると思うよ。先輩の方々、見ているし。戦時中、カイツ崎という岬に陸軍がいて、そこに野砲があって、弾薬庫があったの。そこの歩哨ね、本当は歩哨というのは一人なんだが、そこは二人でやっていた。それはみんな、ケンムンを見ているから。浜でみんな見ている。足跡もある。そんなふうに、兵隊が見ているから、自分はおると思っているよ。

――ケンムンは悪さをするものなのですか？

昔、ケンムンは、浜辺で塩を焚いていると、邪魔をしに来よったという。海岸でチヌ（和名ミナミクロダイ、ヘダイなど）を釣っていると、目ん玉が盗られるという話も聞くが……。一〇年たつかどうか。加計呂麻島の端っこに集落があって、そこに自分の親戚がおるが、夜、親子で魚を捕りに行ったら、石の上に子どもみたいなものが、座っておったと。これ、一人じゃなくて、親子二人で見ているから、確かだと。この話は、まだ一〇年たっているかどうかだからね。だからやっぱりおるわけよね。

家の材料

――家の材料のことを教えていただけますか？　柱に使うのは、シイですか？

柱はシイ。経済のいい家では、杉を使うけど。

――家を建てるときのシイなどの木はどこから切るのですか？

清水の裏山からだよ。裏山は松とシイの木ばかりだから。松も材にはいいけれど、シロアリがつくから……。

――石垣島の方のお話だと、シロアリよけに、材を海岸などに埋めたと言いますが？

ああ。ここいらでも、材を川の泥の中に浸けましたよ。近くの川の泥の中には、終戦後すぐに埋めたものがまだ残っているよ。もう埋めてから七〇年たつ。近くの川の橋は昭和一三年に作ったものだが、その基礎は松の木。それがまだ残っている。

――松はシロアリには弱いけれど、水に強いので、水中の基礎に使った松材がまだ残っているということですね。

木は泥に浸けておくと、虫もつかんし。自分も一つ持っているが、与路島の基盤整備のときに、泥の中からキビを絞るときの歯車を埋めておったのが出てきたよ。鉄がない時分のものだと思うけどね。木で歯車を作っとるもんね。で、製糖が終わると、泥の中に埋めたんだね。それがそのまま残っていた。作っとる木はなんだかわからんね。こういう生活の知恵、昔の人のまねをしきらない。

――茅葺きの頃、屋根のカヤを縛るのには、なんの縄を使いましたか？

カヤを縛ったのは、ワラ。台風のとき、縛るのがワラでしょう。ネズミがかじると、弱くなっていて、屋根が飛んじゃう。今、うちの庭に作ってある茅葺きの小屋の屋根は、ナイロンの縄で縛ってあるから、ネズミも食べんし、強いよ。

――茅葺きのカヤを締めるのに、屋根にかんざしのように木を挿しますが、石垣島では、ダスケーという固い木をそれに使ったと聞きました。清水ではどうでしょうか？

屋根のカヤを締めるために屋根に挿す木は、今はパイプでやるとネズミも食わんし、腐れもしないよ。昔は、イノシシをくくるワナの木と一緒だった。ワナを仕掛けて一年後でも、曲げたものが元に戻るぐらい。ウムシィグ（和名シマミサオノキ）という木です。これは太い木にはならなくて、細い木ばかりが生えている。住用とか深い山にある木で、めったにない木です。

――屋根を葺くとき、うまい人というのがいたという話も、聞きますが。

カヤを葺くときの針は鍛冶屋で作ってね。これは集落に一つぐらいしかないから、葺くときは皆、借りてね。集落の中で、二、三人、カヤを葺くのがうまい人がいたよ。自分は、集落の家はみなやりおったよ。

――いつ頃まで、茅葺きだったのですか？

昭和二四、五年ぐらいまでは茅葺きはあった。高倉はここいらにはなかったよ。ここいらは、田んぼが少なかったから。高倉のあるのは、龍郷や笠利とかだよ。瀬戸内では、数カ所しかなかった。あるところでね、高倉の柱にネズミ返しがあるのに、ネズミが登りよったって。どうしたか……と。見ていたら、高倉の前にあるタケにネズミが登って、上まで登って、そこからぴょんと高倉に飛び降りて、そうして登りよったって話。

植物の利用法

――ガジュマルというのは、どのような利用法があるのですか？

ガジュマルの木は使い道ないな。子ども時代、赤い土を練って、ガジュマルをつついて出た汁とまぜてゴムを作ったけど。あの木だけは使い途がないね。

――魚毒を使って魚を捕るということはしましたか？

あるある。ウナギを捕るには、サンショの木を切って、たたいて流す。もう一つ、魚を捕るときの木があって、これは材木とかにも使う木。そうそう、イジュよ。これを使った。昔の人は、何が何にきくとわかってたんですよ。

――子どもの頃、山の木の実を食べたりもしましたよね？

何でも食べたが。シャリンバイは、ちょっと渋い。クビー（和名ツルグミ）とかね。アマシバの葉っぱをかじると甘いとか、いろんなのがあったよね。そういえば、昔はあんなになったシイの実が、今はならんもんね。これはミカンコミバエの駆除で、空中散布をしたからじゃないかと思っているよ。コミバエがいなくなったのはよかったが、空中散布で、コミバエだけじゃなくて、鳥や虫も死んだはず。シイの花は咲くけれど、花粉を運ぶ虫がおらんのじゃないかと、自分は思う。

――カシの実には大きいもの（和名オキナワウラジロガシ）と小さくて細長いもの（和名アマミアラカシ）がありますよね？　あれはあくを抜いて食べるという話はありませんか？　イノシシが好きとも言いますが。

カシの実は食べたことはないねぇ。イノシシも、昔は食わなかったよ。今は食べるが。あのカシの実のことは、ヤムゥという。大きいの（和名オキナワウラジロガシ）は、このあたりにはあんまりないね。加計呂麻の渡連にはだいぶあったが。

――昔は、おにぎりを包むのも、植物を使いませんでしたか？

おにぎりは遠足の弁当かな。ミスナー（和名フダンソウ）を漬物にして、それをノリ代わりにしておにぎりに巻いたね。それをバナナの葉っぱを火であぶって、そういうので巻いたですよ。昔は野生のバナナがものすごくあったけど、それが減ってしまって。あれ、おいしいよ。若いバナナの木の芯をとって、きざんで、ゆがいてね。昔は田んぼに小さいエビがおって、それを鍋で炒ったりして、あとはカニね。川のカニを焼いてたたいて出汁にしたりしてね、それと一緒にして食べた。おいしいよ。今ならカツオブシをかけたらおいしいよ。こういう食べ方は昔からのものよ。昔は何も捨てるものがなかったからね。

今の子は草花の名前も知らんし、山に入っても、木の名も知らん。山の木も、みんな名前があるもんね。下駄に使うとか、使い途もあったし。

――下駄に使う木とは、何の木ですか？

下駄に使うのはフンギ（和名ウラジロエノキ）。これは琴を作るのにも一番。これは幹が真ん丸くした木がないのよ。三角したりしてね。

昔は、この木は何の木に使う木というのが、みんなあったね。門松を立てるにも、どんな意味があるか、とか。

門松には松、竹、ユズル（和名ヒメユズリハ）を使う。松は末。ユズルギーは先祖代々、ゆずる木ね。竹は横には折れんでしょうが。まっすぐでしょうが。そんな意味がある。モチの下にウラジロを敷く。あれは何のためか？　と。これは裏表がはっきりしてるでしょうが。人間もそうでなきゃ……と。ちゃんと意味がある。

長生きの秘訣

昔はいろんなものを食べていたから丈夫なのかね。今、塩分を取るなというでしょう。自分は塩分を取れと。昔は塩分を取っていたけれど、長生きしたよ、と。何でも塩漬けだったからね。あとは、子どもの頃、DDTとかを頭から真っ白になるまでかけられても死なかったんだから、よっぽど丈夫だよ。自分もキビ畑の農薬を撒くとき、噴霧器が買えなくて、手でこうして撒いて、全身、真っ白くなりながらも、それでも生きてるもん。

自分は小さいときから、病気知らん男。どうしたら、病気になるか、畑に行って探すが、いないよーと、話してる。どうしたら死ぬか探しているよーと。雑穀ものばかり食べてきたから丈夫かねーと思うよ。

イノシシの胆を食べたおかげかも。胆をそのまま飲む。つぶしたら、苦くて大変よ。若いときから飲んでいたからね。しかし、今は老人は施設に行くもんとしか、思われていないからね。

裸足とハブ

僕は、履物、履かん男だから。町に行くときはゾウリぐらい履くが。普段はずっと裸足。それで何十年、足を切ったことはない。どうして履物を履かんかーと、聞かれると、お母さんが僕が生まれたときは、履物を履いてなかったらしいよーと言っているというと、みんな笑うよ。畑仕事は、靴はかえっていかんもん。着るものも、年中、空手着や柔道着でもらったものを着ているよ。

ハブには三回やられたよ。やられるはずよ。藪とかも裸足で入るから。ただ、山にイノシシを捕りに入るときは、靴を履いて行くよ。ハブには畑でやられた。今でも、足に何かがピッとあたると、そのときのことが、頭にパッとくるもんね。ハブは最初は三〇代のときに咬まれた。最後は、次男坊があと七日で結婚式というとき。畑でやられて、式に出れなかった。

じいちゃんはだいぶハブにやられた。魚釣りの餌のカニ採りによく行って、やられて、見ておれば、カミソリで切って、血を出して、そこにヨモギを蒸した汁を絞っていて。そういうのを、よく見ておった。僕はじいちゃんとよく似ていると思うよ。僕のばあちゃんも母さんもハブにやられて亡くなったのよ。やっぱりハブは怖いね、気をつけているけどね、やっぱり忘れる。そういうときにやられる。

——ハブは昔に比べて、少なくなりましたか？

ハブは、今、おらん、おらん。キビ畑に一匹もおらん。昔は何匹もおったけど。畑に行くときに道路を横切るが、年に何匹かは轢かれていた。それが最近、見ない。ハブ捕りが回っていて、あれで減ったね。今はおらんよ。ハブだけは減ったな。

ハブの肝よ。生のを食べたことがあるが、ものすごく頭にくるよ。のぼせる。食うものではないな。強いよ。

この前、取材の人がきて、なぜ履物をはかないんですかーと聞いてきた。だから、履物を履いたら、昔の人に笑われるよーと言ったよ。

「出かけるときは?」と言うんだね。人間だから、礼儀が大事。結婚式とか行くときは、タンスから上等な服を出すでしょう、靴もタンスから二つ出して履いて行くと、言ったよ。ハブも三回やられたが、今は年をとって、固くなったから、ハブも咬まんよと言って、笑ったよ。

世間知らず

ここらへんはイモ、ソテツだったよ。ソテツが主食だったね。あれでよく生きてきたもんだと。田んぼはあったが、地主さんがおったからね。

ソテツは腐らせなきゃならない。ボロボロになったものを臼で砕いて、川でデンプンをとって、それをおかゆにしてよ。こんな昔話をしても、今の子はわからんし。昔の人もおらんくなったし。自分らが年上じゃもん。

昔はカマドの上に木をおいて乾かしていて、その上にふかしたイモとか置かれていて、子どもの頃、お腹が減るとそれを盗《と》って食べたりね。そういう時代がよかった。何もない時代がよかった。人間の助け合いもあったしね。今、一番悪いことは、金がなくてもものが買える。金がなくても車も船も買える。それにいつでももうかると思っている。自分でものを作って食べるということを知らん。そういう時代。年をとれば、年金をくれるからありがたいがね……。まぁ、昔と今は全然、違うよ。

自分の親父の時代、親父やじいちゃんがいろいろと話をする。そのじいちゃんは、そのまたじいちゃんの話を聞いとるわけだから、何代か前の話を知っとるわけですよ。じいちゃんはケンムンの話しが詳しかったもの。じいちゃんはじいちゃんのそのまたじいちゃんから聞いているわけだから。

昔の人は学問をしたくても、経済的に無理でしょう。字も読めん、書けん。それでも民謡とか何千曲とか、聴いているだけで覚えておって、あれがえらいです。聴いているだけで頭に残して、未だに残してくれていて。

今の若い連中は、昔の人の真似を何にもできないがな。

まぁ、自分も世間のことは何も知らん。シマのことは知っとるけど。僕は兵隊もこっちだったから。雪や電車も見たことがなかったからね。生まれて死ぬまでシマだし、畑だし。

今、犯罪が多いがな。あれは発明をするからよ。昔はつるはしで道を作っていたのに、今はブルドーザーでしょうが。人が要らないでしょう。発明で、人が要らなくなってね。人間の脳はきりがない

写真７　昔をしのぶ里さんの道具類の展示

ね。いろんなのを発明して。ロボットを作ったら、人、もっと必要なくなるでしょう。本当、人間の脳って、きりがないね。とんでもないもの発明して。昔はものがないから、みな、助け合い。助け合いするのが、人間じゃもん。正直、貧乏だったけれど、それが宝だったでしょう。

また、奄美にいらっしゃい。自分はあの世行きのキャンセル待ちだけどね。

自分はこの世におるのも楽しみ。死んでも楽しみ。人間には霊があると思っているから、死んだら、死んだ人と話ができるのが、楽しみ。そう思うと、死んでも、生きてても、心配ない。死んだら楽しみという人、誰もおらんけどね。

――ありがとうございます。ぜひ、また、お話をうかがいにまいります。

（聞き手　盛口　満）

第７章　川も山も海もない

話者　徳之島伊仙《いせん》町崎原《さきばる》　伊田《いだ》　正郎《せいろう》・良子《よしこ》さん

琉球列島には、高い島と低い島があります。徳之島は高い島ですが、平らな土地も広がっています。伊仙《いせん》町崎原《さきばる》は、山から遠い集落で、一面にサトウキビ畑が広がっています。この土地でどのように暮らしてきたのか、大正一三年生まれの伊田正郎《いだせいろう》さんと一五年生まれの良子《よしこ》さんご夫妻に、二〇〇九年九月七日、お話を聞きました。長男ご夫妻の正則さんと晴美さんにも同席していただき、適時、方言やご自身の小さかった頃の体験から補足をしていただきました。

牛を語る

――徳之島では闘牛が有名ですが、牛はどのようにして育てていましたか。

私の父の牛が全島一になって、赤毛の牛だったので、伊田さんところのアーウサ（赤牛）とみんな知っていましたよ。黒毛の牛が多いですが、今でも赤毛の牛も喧嘩牛がいますよ。オスは喧嘩牛に育てて農作業には使わないですよ。畑で使う牛はメスで、餌はキビの葉っぱが多かったですね。一二月から四月は製糖の季節ですから、餌はキビの葉っぱばかり。他の季節には、イモの葉やツルや、牧草と呼んでいるむかしからある草なんかをテル（背負い籠）一杯に毎日あげてましたね。普通は女の仕事なんだけど、私の父は喧嘩牛が大好きだったから、自分でテルを担いで、餌をあげてましたよ。ガジュマルの葉も好きで、一番好きな草はガーギナ（和名メイシバ）、ネムノキの葉でしたね。オスは喧嘩牛に育てるので、イモを炊いてあげていましたよ。イモは人が食べるから、毎日イモをあげるのは、大変なので、オスは一頭か二頭くらいしか、みんな持っていませんでしたよ。それに農作業に使うメスを二頭くらいですかね。

――牛が子どもを産んだら、どうしたんですか。

今は、登録制度があって、競りがあるので、トラックに積んで、徳之島町の亀津に持って行きますが、昔はそういうのがなかったから、オスが生まれたら喧嘩牛、メスが生まれたら畑で使うように育てていましたね。ときどき、商人が回ってきて、子牛を買って行くこともありました。

――牛はサトウキビ畑で使っていたんですか。

牛は田んぼでも使っていましたよ。崎原には川がないから、田んぼが作れないので、山のほうに土地を買って、田んぼを作りましたよ。若い頃に大工をして、稼いでね、買ったんですよ。山には川がたくさんあるからね。崎原には山がないからね。田んぼも作られなかったね。天城町の三京《みきょう》や徳之島町の白井まで通って、二〇アールの田んぼを作っ

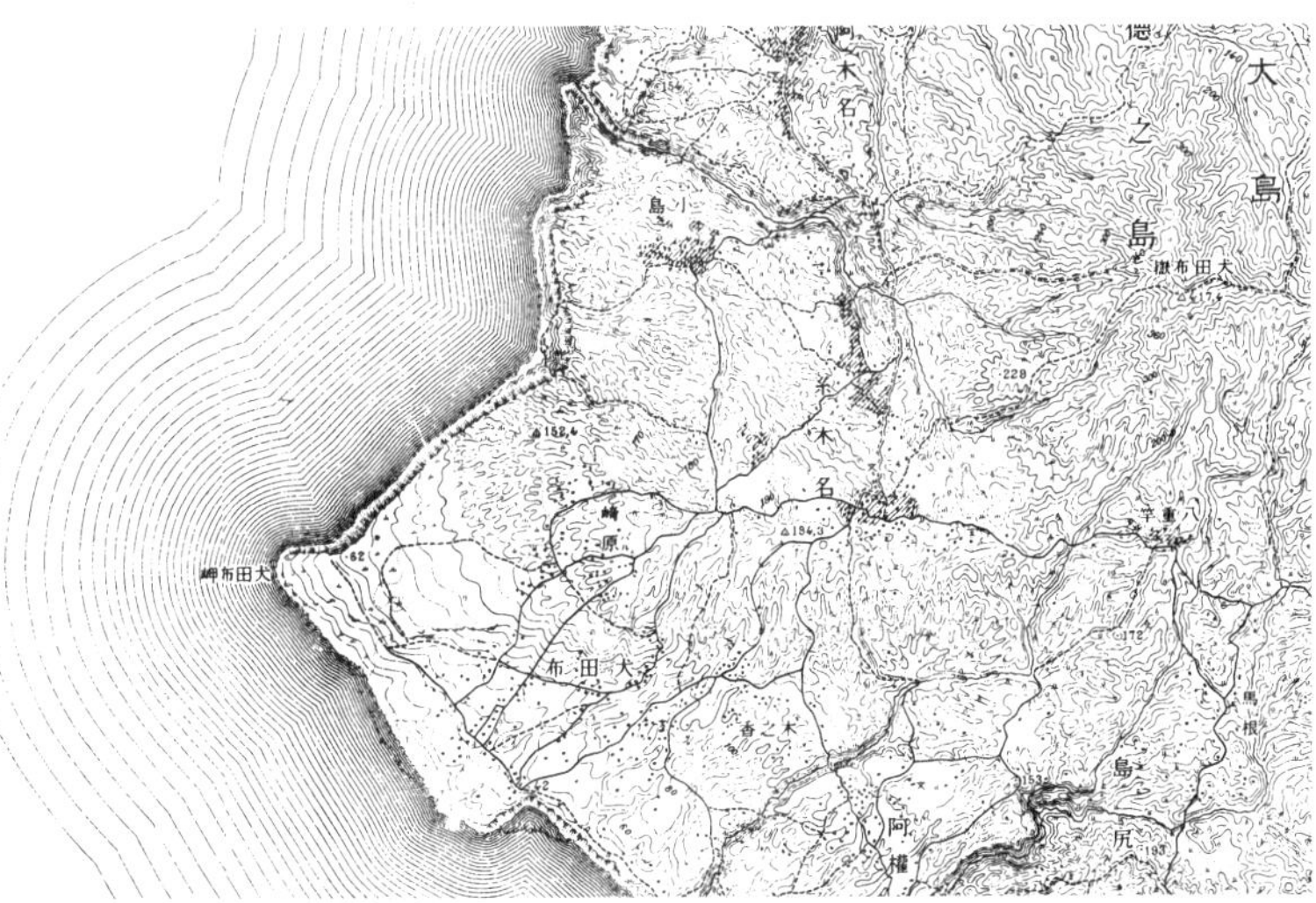

図３　大正時代の崎原付近

ていましたよ。私の父の頃には、山に通って稲を作っていたので、たいへん難儀したと思いますよ。田んぼの仕事は、近くの家の人にも手伝ってもらって、順番に通って、米を作っていました。何しろ、今と違って、米が届かないもんだから、自給自足で、何でも自分たちで作らないといけませんでしたからね。牛に道具を乗せて、片道二時間くらい歩いて通って。今の道と違って、山道で、ところどころ川や泥なかを歩いて行きましたよ。

牛と通う山の田

――収穫した米も、牛に載せて持って帰ってきたんですか。

そうですよ。田んぼに脱穀機を置いて、籾を俵に詰めて、大体一俵一〇〇斤くらいの米を牛の背中に右と左に二俵載せて、持って帰ってきましたよ。何しろ遠いから、大変。稲藁を少し持って帰ってきて、家の周りで一週間くらい干して、俵を作って、次に米を入れるために持ってきましたよ。朝八時くらいに家を出て、一〇時に着いて、一休み。明かりもないから、暗くなる前に帰らないといけないから、夕方五時になったら仕事は終り。片道二時間で家に帰って、晩は一休みして、また明日。明朝八時頃出発してというくり返しでした。

米を家で食べる時は、籾がついているでしょう。精米するのに、木の臼で挽いて、杵でついて、毎日ご飯を炊くのも大変でしたよ。

――田んぼには緑肥を入れたりしましたか。奄美大島ではソテツ葉を入れたりした、と聞きましたが。

いや、入れなかったよ。田んぼが遠いから、肥料も持っていけないし。近くにある人は、牛の糞を入れたりしたみたいだけどね。ここらには、ソテツもないし。ソテツは天城町の手々《てて》や金見《かなみ》だね。山の田んぼには肥料は入れなかったね。虫がついたら、薬を撒いたりはしたけどね。臭い虫で、稲穂が黒くなるので、消毒と言って、粉の薬を手で撒いてましたよ。今みたいに噴霧器もないからね。

田んぼには肥料は入れなかったけど、畑には入れたよ。サトウキビの畑に牛の糞を入れたり、アタイバテといって、家の近くの畑では、野菜を作っていて、そこには牛の糞や、人の糞も入れたよ。アタイバテでは、大根、キャベツ、白菜、ニンニク、地豆、麦、イモ、トウモロコシを植えていたよ。ニンニクは、葉をフル、実をガーブと言って、合わせてフルガーブと呼んでましたね。地豆は落花生のことで、実は人が食べるけど、葉は牛に食べさせたね。

——田んぼでは二期作していましたか。

昔は二期作してなかったね。ずっと一期でやってて、後から二期作もするようになったけど、田んぼが遠いからね、二期すると大変だったよ。それに、サトウキビも作らないといけないからね。二期目はサトウキビの忙しい時期と重なるしね、あまりやってる人はいなかったと思うよ。

天水とイジュン

——崎原には川がないということでしたが、サトウキビ畑に水をやるときはどうしていたんですか。

天水。まったく撒かないよ。今は基盤整備でだいぶ景色が変わったけど、崎原でも少しは山と谷があって、山に松やなんか木が生えていて、谷にサトウキビを植えていて。川はないけど、谷だから湿り気があって、水をやらなくても、天水で十分だったよ。田んぼのほうは、川が近くにあるところに作っているから、水やりしないし、やっぱり天水任せだね。畑を耕すのも機械がないから、牛で鋤を引いて、鍬で耕して。谷は石があって難儀したよ。大きな石があったら、そのままでしたよ。石の上と周りにはいろんな植物が生えていてね、そういうところはよく湿っていたね。けっこう深い谷もあって、向こうの畑に行くのにずっと遠回りして行きましたよ。基盤整備が二〇年くらい前に始まって、海岸の方から順番に平らにしていって、一五年くらいしてから私らの畑も平らになってね。小高い山もあったけど、崩して、谷を埋めてね。まだね、水道が来てないから、今も天水任せ。それで、畑が乾きやすくて、今年みたいに雨が降らないと、キビの葉が小さくしわしわになって、育ちが悪くなって、背が低いよ。台風のときは、大変だよ。山がないから、風が抜けて。サトウキビなんかはみんな倒れるね。

——普段の水はどうしたんですか。

隣の犬田布《いぬたぶ》集落にイジュン（泉）が三つあって、その水で洗濯から炊事から全部やっていたよ。今は山がなくなったから、もう水はでなくなりましたけど、おいしい水でしたね。水を汲みに行くのも女の仕事で、一日何回も通って、まあ大変でしたよ。

——隣の集落ですが、水はただでもらえたんですか。

いくらでも湧いてくるからね、崎原の人はみんなね、取りに行ったよ。もらうんじゃないよ。水はずっと出ているからね。まあ並んで、順番はあるけどね。山のあるところは、今でもイジュンがあるね。三京とかね。

潮焚きのこと

――海はどうですか。イザリなんかしましたか。

いやー、イザリは、ほとんどしませんでしたね。崎原には海もないね。海は塩をとるくらい。(注1)これも女の仕事でしたが、頭に木桶を載せてね、海水を汲んで運びましたよ。桶の下にタオルをまるく巻いて、カシリと呼んでましたね。頭はかしらでしょう。それでカシリというたんだと思いますよ。そこに桶を載せて。カシリは藁で作る人もいましたよ。海の水をそのままだと薄いから、海辺に石ゴモリ(注2)ってね、窪みがあって、そこに海水を溜めておくと、だんだん濃くなって塩の塊が見えてくるでしょう。それを、桶に汲んで家に運んで、甕に溜めておくのよ。それを大きな鍋で焚いて、全部塩になったら、取って、また次の潮水を入れて、焚いて。昔は味噌も作りよったから、たくさん塩を使いましたよ。年に何回か炊きましたね。味噌はね、米と麦を炊いて、広げておいて、麹を生やして、大豆と混ぜて、それぞれ作りましたよ。ソテツの実で作るところもあったそうだけど、うちでは作りませんでしたね。大きな甕に一年分五個も作ってね。貯蔵しておいて自家用にしました。昔は、難儀したね。何でもね。

――潮焚きの薪はどの木を使いましたか。

松が一番良かったね。砂糖も松で焚きよったよ。家の炊き物も松を使ったりしたよ。黒い煙が出るけど、一番良く燃えるからね。油がありますからね。ガスも電気もないからね。明かりもランプでしたね。松は、近くの尾根で自分で作ってあるから。ほかにも近くに自分の山があったから、普段の薪には困らなかったね。うちではそれで十分だったけど、足らなかった人は、遠くの山に採りに行ったんじゃないか。ガジュマルも燃やしたね。シダラ（和名ヤブニッケイ）もよく燃えたね。葉っぱが多くて。木炭は使ってなかったね。カマドの燃え残りを壷に入れて、炭にして手鉢に使うことはあったけどね。

――サトウキビの葉や、枯れ草を炊き物に使っていたことはありませんか。

近くの山から松やら他の木が採れたから、使わなかったよ。

――潮を汲む木桶は自分で作ったのですか。

木桶も砂糖樽も自分で作ったよ。山に行って、杉を鋸で挽いてね。大きな木があったからね。

――杉は自生ではありませんよね。

官有林にあったよ。それを伐ってね。

――官有林の木ですか。役人さんがいたでしょう。

いやー、管理する人はいたけど、大丈夫。山にはいないからね。見つからなかったよ。たまにしか、伐りに行かないし、一本くらいだからね。鋸で伐って、杉板を作って、牛に載せて持って帰ったよ。つかまった人もいたみたいだけどね。罰金一〇〇〇円くらいだったかね。鋸を取られた人もおったみたいよ。まあ、焼酎瓶一升持って行ったら、それで許してもらえたんじゃないか。とにかく正月前なんかは、炊き物がたくさんいるからね、官有林に採りに行ったよ。生木も伐ったよ。薪がいるからね。薪取りをヤマアタリっていったよ。

桶と樽の輪は、腕くらいの太さのある竹を細く割ってね、これも近くで伐って作りましたよ。今は、近くの山がなくなったからね、竹もなくなったね。昔は近くに生えていたよ。モウソウチクはなくて、マダケ。

――いろいろと作ったんですね。他の植物はどうですか。

クバの葉を取ってクバ笠、蓑を作ったね。昔はカッパなんてないから。長持ちしたよ。二、三年くらいは持ったよ。毎日は使わないからね。雨の時だけだから。普段は裸足だったけど、藁草履もクバの草履も作ったね。クバの草履のほうが長持ちしたね。着るもので買ったのはシャツとズボンくらいだね。着るものでも布を買ってきて、縫って作ったりもしたね。もっと昔は、バシャギ（芭蕉着）を織って作っていたそうだけどね。

それから、アダンの下のほうに垂れている根があるでしょ。あれを取ってきて縄を作りよったね。これを乾かして、細く裂いてね、結って作りましたよ。これは強くて、牛の綱に使ったよ。稲の藁だと水が入って腐って、すぐ切れるけど、アダンは水が入らないから腐らないで長持ちしたね。シュロの縄もよく作って使ったね。

畑で使う鋤や鍬も、木の部分は自分で作ったね。金物の部分は、鍛冶屋で作ってもらって、欠いたら直してもらいに亀津まで行ったりしてね。亀津までは山道を片道三時間かかるから、それで作ってもらったら、一日がかりよ。ノミも鎌も包丁も亀津まで行ったね。鍬は天城で作ってもらったね。ときどき、鍛冶屋が回ってくることもあったよ。

子どもの遊び

――子どもの頃の遊びは、どんなのがありましたか。

男の子は、クイ打ちと、サオ打ちだね。自分で三センチくらいの太さの木を切って、二〇センチくらいの長さにして。クイは、みんなで打ち込んで、相手の棒を倒したら勝ち。サオ打ちはね、サオを地面に立てた木の上に載せて、別の棒で端をたたいて、飛ばして距離を競ってね。今のゴルフみたいな感じ。騎馬戦も普段からしたよ。コマも木を削って自分で作ったよ。みんなで回して、長く回ってる方が勝ち。コマは硬い木がいいから、松、ガジュマル、シダラはやわらかくて、回りがゆるいからだめ。シィギ（シイの木）とヒトツバ（和名イヌマキ）が良かったね。アクーチ（和名モクタチバナ）も硬いね。コマを回す紐はね、布でね、自分で作りましたよ。小学校の体操でもゴムボールを足で蹴って、遊びましたよ。今のサッカーみたいな、ね。二つに分かれて、向こうの線を越えたら勝ち。

女の子は、縄跳びしたりね、地面に輪を書いてケンケン、鞠つきでしたよ。鞠はゴムボールを使っていたけど、ソテツのワタを紐でくくって鞠を作っていた人もいたね。

――今日はいろいろな楽しいお話を聞かせてもらって、川も山も海もないけど、畑がたくさんある崎原の昔の暮らしぶりがだいぶ分かってきました。ありがとうございました。

（聞き手　早石周平）

注１　崎原は海に面した集落だが、海岸近くは断崖でサンゴ礁も発達していないことを、海もない、とおっ

しゃった。

注２　満潮時の汀線より高い位置にあり、海水に浸らない石灰岩にできたくぼみ。

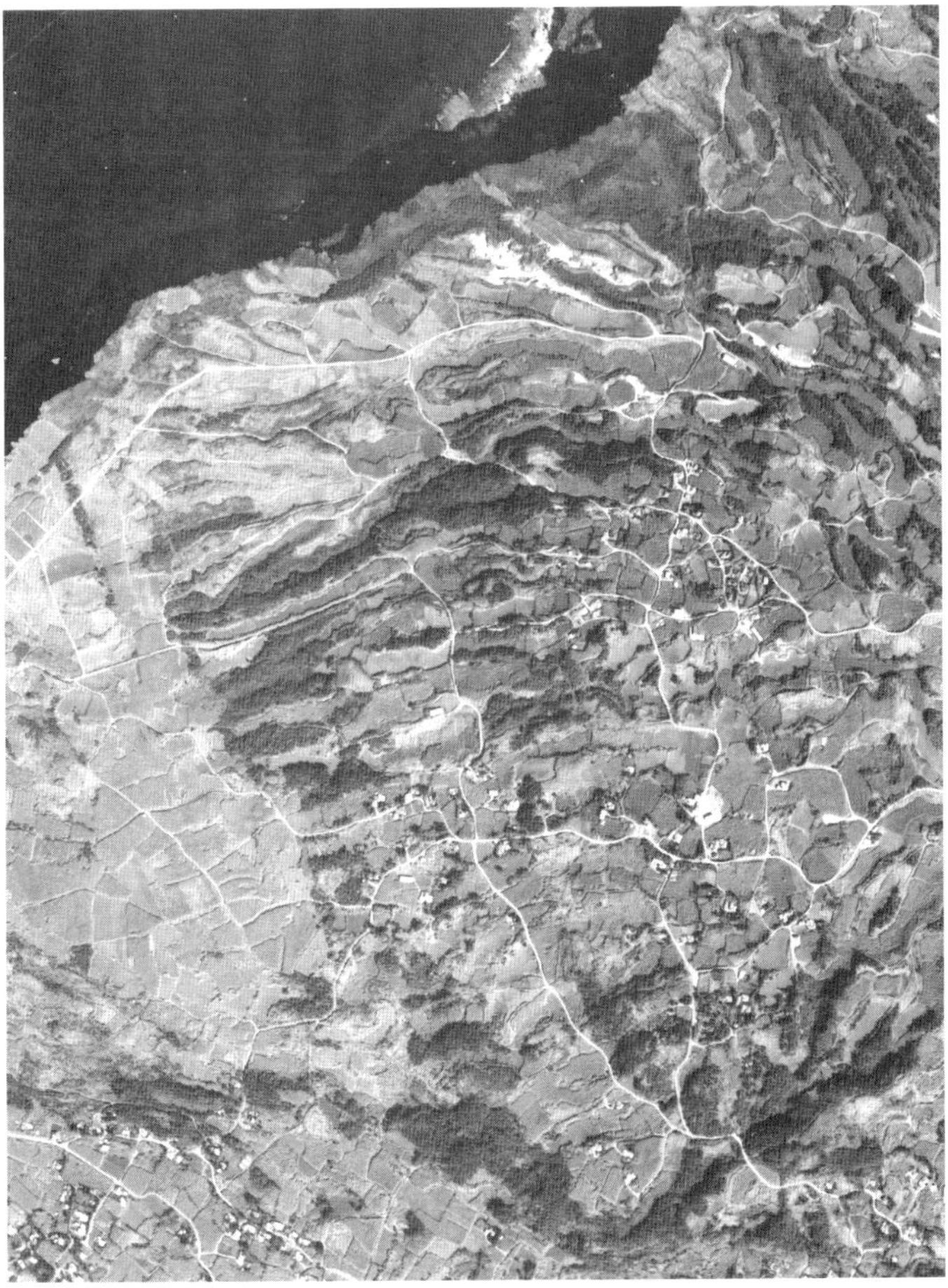

写真８　崎原付近のようす（1977年）

虹のかけはし――全七冊完結にあたって

この七冊の聞き書き・島の生活誌シリーズは、屋久島でのひとつの出会いから生まれました。地球環境問題を、人類の文化の問題ととらえて総合的な解決をさぐるために二〇〇一年に創設された地球研（総合地球環境学研究所）教授の湯本貴和さんが、屋久島フィールドワーク講座で若者たちとともに汗を流す中で、安渓遊地と安渓貴子に声をかけたのがそもそもの始まりでした。湯本さんは、日本列島の人と自然の関わりの歴史を踏まえて未来を考える、五年間の「列島プロジェクト」を、二〇〇六年四月から全国の一三〇人もの研究者を集めて本格的にスタートさせました。その中で、生物と文化の多様性が特別に高いホットスポットである奄美・沖縄の研究班を組織することを依頼されたのです（発足メンバーは、シリーズ第一巻一〇五頁）。

地域研究にとって五年という期間は短すぎます。フランスの民族学（文化人類学）分野の研究者たちは、ひとつの民族、ひとつの村に、三〇年でも四〇年でも通い続けるのがあたりまえです。フィールドとのそうした末永いおつきあいをしている研究者、または、これからしてくれそうな若手の研究者を探しました。根っからのウチナーンチュや、アマミッチュの子孫というメンバーが加わったのもありがたいことでした。

それでも、今日の出版不況のなかで、島びとたちの庶民としての知恵の世界を、多くの人たちが共感できるような形で公刊し、誰もが共有できるようになるまでにはいくつものハードルがありました。

ひとつは、『調査されるという迷惑』（宮本常一・安渓遊地、二〇〇八、みずのわ出版）の問題です。

調査というものは地元のためにはならないで、かえって中央の力を少しずつ強めていく作用をしている場合が多く、しかも地元民の人のよさを利用して略奪するものが意外なほど多い――宮本常一先生はこのように警鐘を鳴らしました。どうすれば、こうした調査地被害を引き起こさずに学ぶことができるでしょうか。この問いかけは、奄美・沖縄班のチームづくりにあたって、もっとも大切にした点です。この姿勢が、班の全員に共有されるように、何度も合宿研修を重ね、プロジェクトの後半では、沖縄・やんばるや奄美・大和村でのシンポジウムなどの地域への発表の機会も生かして、地元との交流と研究成果の還元をはかりました。

もうひとつは、学問的なレベルと、誰にもわかる読みやすさの両立です。これについては、すみわけをすることにしました。第一線の研究者どうしの厳しい査読を経たプロジェクト論文集が、全六冊の『日本列島の三万五〇〇〇年』（文一総合出版）で、南島の未来の研究者のための浩瀚な資料集が『奄美沖縄環境史資料集成』（南方新社）です。そして、お話をしてくださった方々が、知人やお孫さんに手渡したくなるような、手軽で読みやすく、なんどでも読みかえされる冊子をめざしたのが、この『島の生活誌』全七巻です。

そして最後は、出版にこぎつけるまでです。このシリーズは表紙と本文のすべてを、自分たちで仕上げて印刷所に渡すという方式で作成しています。それを実現するために、当山昌直さんに先導されて組版ソフトを習い、美しい地図は早石周平さんが作り、渡久地健さんは七冊の表紙をすべて手がけて、全部そろえると虹の色となるブックレットを作りあげました。このたび同時刊行となる三冊では、若手のお二人にも編集を担当してもらいました。こうしたチームワークのよさとフットワークの軽さが奄美・沖縄班の持ち味です。

渡久地さんは、上記の論文集の第四巻『島と海と森の環境史』の中で、次のように語っています。

「私は、地球研列島プロの奄美・沖縄班に加えていただいて、多士済々のメンバーとともに、地域の方々と胸襟を開いて対話するという勉強を重ねるうちに、それまでどこか苦しいものだったフィールドワークが、自分にとってわくわくするような楽しみに変わっていることに気づいた。そうしたなかで、海に生きることを愛し、昔からの智恵を実地に学びつつ漁をし、その成果を『島魚・国直鮮魚店』というブログで日々情報発信しておられる、大和村の中村修さんのような若者に出会えたことも、驚きに満ちた喜びの一つだった。……私は、漁民の目を得て、いつか微細な海の言語が綾なす漁場としてのサンゴ礁世界をなんとか捕え、描きたい、と夢みる。きっとまだ、間に合うだろうと思う。また、出かけよう。」

プロジェクトが終了しても、私たちの「理科系のミンゾク学」はまだまだ続きます。読者のみなさんも、気軽に声をかけてください。どこかでお会いできたら、島の暮らしをともに語り合って、大いにもりあがろうではありませんか。おかげさまで班の若手のメンバーたちも、プロジェクトの五年間のうちには博士号を取得し、心のこもった「島からのことづて」をきちんと受け止めることができる研究者に育ちました。この蓄積を生かして、今後もときどきは合宿をしながら、シリーズの第二期を出していけたらと願っています。

最後に、私たちの望み通りの本を作ってくださったボーダーインクの池宮紀子さん、湯本貴和さんを支えて地球研の膨大な事務をこなしながら私たちの出張や出版の応援をしてくださった列島プロジェクトのスタッフ、高橋敬子さん、細井まゆみさん、岩永千晶さんほかのみなさんにあつくお礼をもうしあげます。

地球研列島プロジェクト　奄美・沖縄班を代表して　安渓遊地《あんけいゆうじ》

写真　沖縄島北部の奥集落の猪垣探訪のひとこま

写真・図等の出典

本誌に掲載した写真・図等は下記の資料を使用しました。

写真

国土交通省①：写真 8
当山昌直：写真 1, 3, 4, 6
早石周平：写真 2
蛯原一平：写真 5
安渓貴子：写真 7

図

国土地理院②：9, 37, 59, 73, 95 頁の扉図
国土地理院③：図 1, 2, 3
国土交通省④：8 頁図

※写真・図の使用方法
・国土交通省①：1977 年撮影空中写真を使用して作成
・国土地理院②：数値地図 50000 地形図画像（2001 年 3 月 1 日発行）より作成
・国土地理院③：大正 8 年、9 年測図 1/50000 地形図より作成
・国土交通省④：国土数値情報（行政区域、海岸線データ）を使用して作成

聞き手紹介

蛯原《えびはら》一平《いっぺい》：奈良県生まれ。イノシシ屋。東北芸術工科大学東北文化研究センター研究員。主な著作に『日本のシシ垣』(古今書院、共著) など。

早石《はやいし》 周平《しゅうへい》：大阪府生まれ。サル屋。鎌倉女子大学教員。ふだんは屋久島のサルの歴史を遺伝子から調べたりしている。

三輪《みわ》大介《だいすけ》：福岡県生まれ。ムラ屋。主な著作に『グローバル時代のローカル・コモンズ』(ミネルヴァ書房、共著) など。

盛口《もりぐち》　満《みつる》：千葉県生まれ。博物屋。沖縄大学教員。主な著作に『生き物屋図鑑』(木魂社) など。

表 紙 絵：渡久地　健
地図作成：早石周平ほか
版下作成：当山昌直

聞き書き・島の生活誌⑦
木にならう——種子屋久・奄美のくらし

2011年2月14日　発行

編　者　三輪大介・盛口　満
発行者　宮城正勝
発行所　ボーダーインク
〒902-0076　沖縄県那覇市与儀226-3
電話 098(835)2777 Fax 098(835)2840
印刷所　でいご印刷

ISBN978-4-89982-199-1　C0339